社会的養護児童のアドボカシー

意見表明権の保障を目指して

栄留里美 著
Eidome Satomi

明石書店

まえがき

　「将来のために」と称して、大人は子どもに過重な義務を課しています。いま、この時に、生きる人間としての様々な権利を子どもに保障せぬままに。　　　　　　　　　（Korczak=2001: 29）

　これは、国連子どもの権利条約に大きな影響を与えたとされるポーランドのヤヌシュ・コルチャックの言葉である。コルチャックは、医師、作家など多才な活動の傍ら、孤児院の院長であった。コルチャックは、子どもの権利擁護と平等について著作を残し、自らも子どもの自治を尊重した孤児院の運営に努めた人物である。コルチャックは、第2次世界大戦中、ナチスドイツのユダヤ人迫害によって、孤児院に入所していた子どもたちと共に最後はガス室に入れられ亡くなった。コルチャック自身は逃れられた死であったが、自ら子どもたちと運命を共にしたのである。

　時におとなは、子どもの「未熟さ」ばかりに焦点を当て、将来のためになすべきことを課している。そして、子どもに「権利を与えるとワガママになる」という論調は、日本で国連子どもの権利条約が批准されて20年以上経った今でも聞かれることである。

　私たちおとなは、コルチャックの言う、「いま、この時に生きる人間」として、子どもを捉えているだろうか。

　コルチャックの影響を受けたこの国連子どもの権利条約は、子どもを受動的存在から能動的権利行使主体へと子ども観を転換させた。そして、この能動的権利行使主体の核となったのは、国連子どもの権利条約12

条「意見表明権」(本書内では「聴かれる権利」)である。この権利については後に詳述するが、コルチャックの述べる子どもの「自分の希望を真剣に受け止め、愛情と敬意をもって扱われる権利」(Korczak=2001: 25)とほぼ同義である。子どもの意見や希望、思いはおとなから軽くあしらわれるのではなく、真剣に受け止められる必要がある。本書は、社会的養護の下で暮らす子どもたちに対して、この12条をどう保障していくかを考究したものである。

社会的養護の在り方は近年大きな転換期を迎えている。「社会的養護の課題と将来像」(厚生労働省 2011)にも挙げられている通り、施設の小規模化や里親委託を増やすことが明示され、さらに「権利擁護」にも積極的に取り組もうとする姿勢が見られる。これらは大きな進展であり、喜ばしいことである。

しかし本書で詳述するが、「権利擁護」が、先述したコルチャックの権利思想を背景とする権利条約12条を踏まえたものと言えるのか、さらには施設外部の権利擁護機関についても子どもの権利や独立性を欠いているのではないかと筆者は考える。

施設の小規模化の課題として、「ホーム内のできごとが周囲に伝わりにくく、閉鎖的あるいは独善的なかかわりになる危険性」が指摘されている (厚生労働省社会保障審議会児童部会社会的養護専門委員会 2012: 2)。小規模施設では、子どもに対する職員の不適切な関わりや虐待(被措置児童等虐待)が行われていたとしても周囲には伝わりにくくなる可能性が示唆される。職員の権利意識を向上させると共に、子どもが不適切な関わりや虐待を受けていることを早期に伝えられるような仕組みがこれまで以上に必要となろう。

被措置児童等虐待については現在、対応が始まっており、2013年度には288件の通告がなされ、過去最多となった(厚生労働省 2014: 2)。通告件数のうち32.3%のみが子ども本人からの通告である。このことからも通告件数は未だ氷山の一角であると考えられ、既存の権利擁護体制の強化と子どもが通告しやすい外部の権利擁護機関の充実が必要になるだろう。

本書でモデルとするイングランド及びウェールズのアドボカシーサー

ビスが制度化されたのは、施設内虐待の大規模調査（Waterhouse 2000）が契機だった。「沈黙のカルト」と呼ばれるように、子どもたちが虐待を受けていることを口にできないことが問題となり、子ども側に立つアドボカシーサービスの導入が必要とされた。

イングランド・ウェールズでは社会的養護児童を中心に、子どもの聴かれる権利を保障するための、児童福祉行政や児童福祉施設から独立した子どもアドボカシーサービスが、すべての地方自治体に設置されている。これは、苦情解決や援助過程における子どもの参加と意見表明の支援に特化した、世界でも例を見ないシステムである。本書は、このアドボカシーサービスの援助方法や提供の仕組みを明らかにし、日本の社会的養護児童（特に、施設入所児童）に対するアドボカシーの制度化への提言を行おうとするものである。

筆者が研究分担者を務めている科研費研究班（2013年～2015年度挑戦的萌芽研究「児童福祉施設入所児童への外部アドボカシー導入研究──ICAS提供モデルの構築」）で現在、アドボカシーサービス導入可能性に関する研究を行っている。2014年・2015年と施設で暮らす子どもと職員に対して、この仕組みについてインタビュー調査を行ってきた。現在、調査報告書をまとめつつあるが、子ども本人・職員からの英国のアドボカシーサービスの導入に対する期待は想像以上であった。本書が、実施に向けた方策を検討するための土台として活用していただけるものとなれば幸いである。

また、アドボカシーサービスの理念や手法は、子どもと関わる専門職の方々にも応用できる点があると考えている。アドボカシーの理念に立って子どもの声を聴くことは、カウンセリングやニーズ聴取のためではなく、子どもを能動的主体と捉える思想の具現化なのである。

本書は筆者の博士論文「児童養護施設入所児童に対する権利代弁機能に関する研究──イングランド・ウェールズにおける独立子どもアドボカシーサービスの意義と日本への示唆」（鹿児島国際大学大学院福祉社会学研究科に提出、博士（社会福祉学））に一部加筆修正を加えたものである。博士論文を執筆するにあたって、多くの方から温かいご指導とご支援を

頂いた。主査としてご指導いただいた田畑洋一先生（鹿児島国際大学大学院名誉教授）、内部副査の蓑毛良助先生（同教授）、外部副査の津崎哲雄先生（京都府立大学名誉教授）、高山忠雄先生（鹿児島国際大学大学院客員教授）、門田光司先生（久留米大学教授）にこの場を借りてお礼を申し上げたい。

　また、林浩康先生（日本女子大学教授）には、日本女子大学大学院博士後期課程でのご指導をはじめ、諸外国のファミリーグループ・カンファレンスについてご教授いただいた。英国の社会的養護研究の第一人者である津崎哲雄先生には、ご専門の立場から博士論文の細部にわたってご指導いただき、さらに本書では過分な解説までご執筆いただき誠に光栄であった。先生方のご指導に感謝し、ご期待に応えられるよう研究に精進していきたい。

　英国の現地調査においてご協力を頂いた元西イングランド大学のジェーン・ダリンプル先生、アドボカシーサービスのスタッフの方々、日常的にご指導とご助言を賜り、多くの示唆を与えて下さった、筆者が分担研究を務める科研費研究班の先生方・研究協力者の皆様、支えてくれた家族、すべての方々に感謝申し上げたい。

　出版に関しては、明石書店編集部の大野祐子さん、ならびに吉澤あきさんよりひとかたならぬご高配を賜った。厚く御礼を申し上げたい。

　なお、本書は筆者が独立行政法人日本学術振興会特別研究員（DC2）であった際に頂いた2012年度科学研究費・特別研究員奨励費（課題番号：12J08846）による渡英調査の結果及び2013年〜2015年度挑戦的萌芽研究費（課題番号：25590151）の研究分担者としての研究成果を含むものである。そして、2015年度科学研究費補助金・研究成果公開促進費（学術図書）（課題番号：15HP5161）の交付を受けて本書を出版した。公的資金を得て研究させていただいたことに感謝している。

2015年10月

栄留里美

社会的養護児童のアドボカシー
意見表明権の保障を目指して

目次

まえがき　3

*

序章　本研究の課題と方法

1　研究課題 …………………………………………………………………… 15
2　研究方法 …………………………………………………………………… 18
　2.1　研究方法　18
　2.2　現地調査の概要　20
3　本書の構成 ………………………………………………………………… 22
4　概念規定 …………………………………………………………………… 24
　4.1　子どもの概念　24
　4.2　アドボカシーの概念　26
　4.3　アドボケイトの概念　27
　4.4　子どもの意見表明権／聴かれる権利の概念　30

第1章　子どもの権利擁護に関する先行研究

はじめに ……………………………………………………………………… 35
1　日本の子どもの権利擁護に関する研究領域 ……………………………… 35
2　日本の先行研究の到達点及び課題 ………………………………………… 36
3　本研究の位置及び意義 ……………………………………………………… 43
4　イングランド及びウェールズのアドボカシーサービスの
　　先行研究 …………………………………………………………………… 46

第2章　日本の児童養護施設入所児童に対する「権利代弁機能」の検討

はじめに ……………………………………………………………………… 57
1　子どもの権利代弁機能の定義 ……………………………………………… 57

1.1　許斐有による子どもの権利代弁機能の定義　58
　　1.2　エンパワメント概念の発展　59
　　1.3　子どもの聴かれる権利との関係　61
　　1.4　「子どもの立場にだけ立つ」か「子ども主導」か　63
　　1.5　独立した第三者　64
　　1.6　子どもの権利代弁機能の再定義　65
　2　「子どもの聴かれる権利の行使を支えること」に関する
　　　規定 ··65
　　2.1　児童福祉法にみる子どもの「意向」　65
　　2.2　児童相談所運営指針にみる子どもの「意向」　67
　　2.3　児童養護施設運営指針にみる子どもの「意向」　69
　　2.4　児童養護施設運営指針にみる子どもの「意見」　71
　　2.5　小括──法律・指針にみる子どもの聴かれる権利に関する規定　72
　　2.6　施設内の苦情解決と子どもの聴かれる権利　73
　3　「エンパワメントの原則」に関する規定 ··75
　4　「独立した第三者」「子ども主導の原則」に関する規定 ······76
　　4.1　児童養護施設外の機関の規定内容　76
　　4.2　規定内容の考察　76
　5　結論──日本における子どもの権利代弁機能の問題点と可能性 ····78

第 3 章　イングランド・ウェールズの子ども参加政策とアドボカシーサービス

はじめに ··83
1　児童福祉施策の発展と子ども参加の歴史 ·······································83
2　近年の子ども参加に関わる政策 ···86
　　2.1　法律・条約　86
　　2.2　政策・ガイドライン　87
3　アドボカシーサービスに関する政策 ···88
　　3.1　社会的養護児童・ニーズのある子ども・ケアリーバー　88
　　3.2　公的医療・精神保健に関わるアドボカシーサービス　91

  4 ウェールズのアドボカシーサービス ……………………………… 93
  5 アドボカシーサービスの関連職種 ………………………………… 94

第4章　子どもアドボカシーサービスの全国基準と権利代弁機能

  はじめに ……………………………………………………………………… 99
  1 子どもアドボカシーサービス全国基準とは ……………………… 99
  2 「独立した第三者」 ………………………………………………… 101
  3 「子ども主導の原則」 ……………………………………………… 102
    3.1 全国基準の規定箇所　102
    3.2 子ども主導と子どもの最善の利益　103
    3.3 子ども主導と公正中立　105
    3.4 子ども主導と情報・守秘義務　106
  4 「エンパワメントの原則」 ………………………………………… 107
  5 「子どもの聴かれる権利の行使を支えること」 ………………… 108
  6 考察──子どもの権利代弁機能の観点から …………………… 112

第5章　ケース会議におけるアドボカシーサービス

  はじめに …………………………………………………………………… 115
  1 様々なケース会議と子ども参加 ………………………………… 115
  2 ファミリーグループ・カンファレンス(FGC)における
    アドボカシーサービス …………………………………………… 116
    2.1 FGCの概要　116
    2.2 FGCへの子ども参加　118
  3 FGCにおけるアドボケイトの役割 ……………………………… 120
    3.1 アドボケイトの背景　120
    3.2 アドボケイトの役割　121
    3.3 FGCにおけるアドボケイトの意義と課題──先行研究　123

4　FGCにおけるアドボカシーサービスの意義と課題 125

第6章　苦情解決制度におけるアドボカシーサービス

　はじめに 131
　1　苦情の定義・対象 131
　2　苦情解決制度の歴史 132
　3　苦情解決制度の仕組み 133
　4　苦情解決制度におけるアドボケイトの利用 137
　5　苦情解決制度におけるアドボケイトの役割 139
　6　苦情解決制度におけるアドボケイトの評価 140
　　　──先行研究
　7　独立訪問アドボケイトの役割 142
　8　苦情解決制度におけるアドボカシーサービスの意義と
　　　課題 143

第7章　アドボケイトの養成方法

　はじめに 147
　1　アドボケイト養成講座 147
　2　「独立アドボカシー」の資格 148
　3　選択ユニット「子ども独立アドボカシー」 149
　4　アドボケイト養成方法の意義と課題 152

第8章　アドボカシーサービス提供システムの方法と課題

　はじめに 161
　1　チャリティー組織と行政の委託契約 161
　2　行政とのサービス水準契約 162

3	資金調達の在り方	163
4	運営体制の在り方	164
5	守秘義務をめぐる問題	165
6	アクセスとサービス提供対象者の限定問題	165
7	アドボカシーサービス提供システムの課題と社会運動	166

第9章　アドボカシーサービスの意義と課題
―― 日本への示唆

はじめに …………………………………………………………………… 171

1　独立した第三者 ………………………………………………………… 171
　1.1　独立性に関する意義と日本への示唆　171
　1.2　独立性に関する課題と日本への示唆　174

2　子ども主導の原則 ……………………………………………………… 176
　2.1　子ども主導に関する意義と日本への示唆　176
　2.2　子ども主導に関する課題と日本への示唆　177

3　エンパワメントの原則 ………………………………………………… 178
　3.1　エンパワメントに関する意義と日本への示唆　178
　3.2　エンパワメントに関する課題と日本への示唆　179

4　子どもの聴かれる権利の行使を支えること ………………………… 180
　4.1　聴かれる権利に関する意義と日本への示唆　180
　4.2　聴かれる権利に関する課題と日本への示唆　181

第10章　日本におけるアドボカシーサービスモデルの構想
―― 聴かれる権利の保障を目指して

はじめに …………………………………………………………………… 183

1　構想における限界 ……………………………………………………… 183

2　日本におけるアドボカシーサービスの長期的構想 ………………… 185
　　―― 法律制定による検討

2.1　子どもの権利基本法の制定　　185
　　2.2　アドボカシーサービスの対象　　188
　　2.3　アドボカシーサービス運営要綱・提供の仕組み　　189
　　2.4　第三者委員の制度改正・活用　　192
　3　日本におけるアドボカシーサービスの短期的構想 193
　　　──事業委託・条例制定による検討
　　3.1　事業委託による検討　　193
　　3.2　条例制定による検討　　194
おわりに 195

引用・参考文献　　199

　　　　　　　　　　　　　　＊

解説に代えて .... 津崎哲雄　219
　　──社会的養護児童の権利擁護のための権利条約12条実現構想

凡例
　本書に引用した資料については以下の要領で記載し、文献一覧を巻末に付した。
　1. 和文・欧文を問わず、本文中で（編著者名 出版年：頁）と示した。
　2. 邦訳書からの引用については、（編著者名＝訳書出版年：頁）で示した。
　3. インターネット上の参考文献に関しては、URL、当該情報のタイトル、アクセス年月日を示した。
　4. 引用文中の省略は〔中略〕で示した。

序 章
本研究の課題と方法

1　研究課題

　「社会的養護」とは「保護者のない児童、被虐待児など家庭環境上養護を必要とする児童などに対し、公的な責任として、社会的に養護を行う」ことである（厚生労働省 2015: 1）。日本では、社会的養護の対象となる子どもは現在約4万6000人である。社会的養護下で暮らす子どもたちは、児童養護施設などの施設や里親家庭で暮らしている。このような環境で暮らす子どもたちのことを、便宜的に本書では「社会的養護児童」と表現している。

　近年の子ども虐待通告件数の増加に見られるように、児童養護施設等に入所している子どもの半数以上が、保護者から虐待を受けた経験がある（厚生労働省 2015: 4）。このような厳しい家庭環境から子どもを保護し、育てていく社会的養護の取り組みは、まさに子どもの権利を保障する重要な役割を担っている。

　1989年に国連で採択された子どもの権利条約は、「生存」「発達」「保護」といった子ども固有の権利に加え、子どもの聴かれる権利[1]（the right of the child to be heard）などの参加の権利[2]（the right to participation）を規定している。これらの権利のカテゴリーにもあるように、社会的養護は、生存・発達・保護の権利を保障するために重要な役割を担っている。

しかしながら、社会的養護を含む児童福祉分野においては、子どもの聴かれる権利を保障する制度の確立が立ち遅れている。2010年、日本政府が国連子どもの権利委員会より「児童相談所を含む児童福祉サービスが子どもの意見をほとんど重視していない」という懸念から、対策を講じるように勧告を受けたことは、このことの象徴的な表れではないかと考える（CRC 2010: para43）。

　一方、虐待対応に長年取り組んできたイングランド及びウェールズでは、1975年児童法（the Children Act 1975）により、あらゆる場面で子どもの声を聴取することが政策として確立している。さらに社会的養護児童や障害児など、社会的に弱い立場に置かれた子どもの聴かれる権利を保障するため、児童福祉行政や児童福祉施設から独立した子どもアドボカシーサービス（Children's Advocacy Services, 以下、アドボカシーサービス）が、すべての地方自治体に設置されている。これは、援助過程における子どもの参加支援に特化した、先進的な権利擁護の外部システムである。

　確かに、日本においても、子どもの権利擁護の内部システムである従来の児童福祉施策に加えて、権利擁護の外部システムが構築されてきている（松原2000: 34）。子どもオンブズパーソンや神奈川県子ども人権審査委員会のような権利擁護機関である。

　日本の児童福祉分野における「権利擁護」研究のパイオニアであり、権利擁護に関する政策に影響を与えた許斐有（1991: 50-51）は、子どもの権利を保障するためには「①人権救済を申し立てるシステム、②子ども自身がその権利を主張もしくは行使できないときに、子どもの権利を子どもの立場に立って代弁するシステム（「代理人もしくは適当な団体」の設置）、③第三者的立場から調整するシステム」が必要であると述べた。この3つのうち、①の人権救済と③の調整の機能は日本における権利擁護の外部システムにも明確に含まれているが、②の代弁については十分に機能していない。その背景には、代弁は徹底的に「子どもの立場に立つ」（許斐1991）ことによって可能になるものであり、一方、権利救済には「公正中立」（子供の権利擁護専門相談事業2014）な第三者性が求めら

れるという事情がある。両者は矛盾するものであり、そのため同一機関が両方の役割を果たすことは困難だからである。

　子どもの代弁を十全に行うためには、代弁機能に特化し他のシステムからは独立したサービスが必要である。イングランド及びウェールズのアドボカシーサービスは、まさにこのことを目的として制度化されたものである。イングランド及びウェールズにはオンブズマンと同様の機能を持つ「子どもコミッショナー」(Children's Commissioner) が各国に設置され、苦情解決の手続きの第三者機関やシステムもある。それとは別に、代弁機能に特化した独立したアドボカシーサービスが子どもコミッショナーや苦情解決手続きにつなげたり、児童福祉援助過程で子ども側の主張を代弁する役割を果たしているのである。

　このように児童福祉援助過程において代弁機能に特化したアドボカシーサービスを法定化しているのは、世界的に見て英国 (United Kingdom of Great Britain and Northern Ireland) のみである。外部の権利擁護システムとして著名な、カナダの各州に設置されているアドボカシー事務所（たとえば、オンタリオ州の地方子ども若者アドボカシー事務所：Office of the Provincial Advocate for Children and Youth）とも異なる。この事務所は代弁機能に特化したものではなく、評価 (review) などの調査や調整機能も持ち合わせているためである。

　アメリカで行われている子どものアドボカシーセンター (Children's Advocacy Center) は性的虐待などの加害者を訴追するための施設であり、性格が異なっている (Boylan and Wyllie 1999)。アメリカの裁判所を中心に活動するアドボケイトとして有名なCASA[3] (Court Appointed Special Advocates) は代弁機能に特化しているわけではなく、関係機関との調整も行っている。さらに異なる点としては、子どもの「最善の利益」[4] (best interest) にかなう方法でCASAは代弁を行う (Boylan and Wyllie 1999; CASA 2015a)。

　イングランド及びウェールズのアドボカシーサービスは、仕事の多忙さや効率性を理由とし、または「最善の利益」を優先することにより、子どもの声を聴こうとしないソーシャルワーカー・施設の職員・様々な

機関の職員に子どもの声を聴くように働きかけていくものである。その方法は、おとなが子どもの最善の利益を判定する方法とは異なっている。アドボカシーサービスの全国基準（最低基準）にも定められているように、徹底した子ども主導を理念とし、最善の利益についてのアドボケイトの意見とは異なる場合でも子どもの指示によって行動する。さらに、子どもの意見を表明する能力を推定しない。つまり成熟度や能力にかかわらず子ども主導を貫こうとする。そのため、子どもとよく知り合うための時間や労力を使うことが求められている。そして、意思決定機関、保護者や施設／里親団体と財政上も運営上も独立することによって、子どものためだけにアドボカシーが行われるのである。

このようにアドボカシーサービスは世界的にも先進的な制度である一方で、この制度や実施方法に限界や課題があることがイングランド及びウェールズの研究者により指摘されている。こうした主張や提供体制、運用を明らかにし、その意義と課題を整理し、日本の社会的養護システムへの導入を考察することが本書の目的である。同サービスの提供体制と運用に関する体系的な研究は英国においても行われていない。その意味でも、本書は独自性があるものと筆者は考える。

2　研究方法

2.1　研究方法

アドボカシーサービスは英国（イングランド、ウェールズ、スコットランド、北アイルランド）のすべてで法定化され、実施されている。しかし、本研究はイングランドとウェールズにおける子どものアドボカシーサービスのみを対象としている。両国には活発な交流があり、児童福祉に関連する法律・制度も共通するものが多いためである。また子どものアドボカシーサービスが生まれ発展してきた国であるということも両国を主たる対象とする理由である。

研究方法としては、まず、イングランド及びウェールズの独立子ども

序 章　本研究の課題と方法

　アドボカシーサービスの提供体制と運用の実際、ならびにその意義と課題を明らかにするために、アドボカシーサービスに関する政策文書及び文献、論文、その他関係資料を収集し検討した。政策文書のほとんどはインターネット上でアクセス可能である。文献、論文、関係資料は日本から一般的に入手可能なものの他に、現地調査によって入手した。これらの文献資料の収集は、主として 2013 年 2 月まで実施した。
　特に重視した政策文書は、アドボカシーサービスの基本的な政策・技術に関する 3 つの文書である。
　1 つは、『子どもアドボカシーサービス提供のための全国基準』(*National Standards for the Provision of Children's Advocacy Services*, DoH 2002c; WAG 2003b, 以下、全国基準) である。これは、イングランド保健省では 2002 年、ウェールズ議会政府では 2003 年に定められた、アドボカシーサービスを提供するために順守すべき 10 基準である。子ども、研究者、NPO の協力によって作成されている。2 点めは『整理しよう——1989 年児童法の苦情解決における子どもへの効果的なアドボカシーサービス提供のために』(*Get it Sorted: Providing Effective Advocacy Services for Children and Young People Making a Complaint under the Children Act 1989*, DfES 2004a; WAG 2004b, 以下、ガイドライン) は、2004 年に発行されたアドボカシーサービスのガイドラインで、主に苦情解決の場合のアドボカシーについて書かれている。3 点めはアドボケイトの養成で用いられる講師用テキスト『講師用トレーニングテキスト、独立アドボカシーの資格と子どもの独立アドボカシーのスペシャリスト』(*Tutor Resource Training Materials (Level3) Certificate in Independent Advocacy (7566) and Specialist (Level4) unit 309: Independent Advocacy with Children and Young People*, WAG et al. 2009a) と『自己学習パック』(*Self-study Pack*, WAG et al. 2009b) のテキストである。これはウェールズ政府が公認しているアドボケイトの資格取得のための講座である。イングランドはこの資格を公認していないが、ウェールズに限らずイングランドのアドボケイトにも普及している養成講座である。この講座のテキストにはアドボケイトの技術について詳しく掲載されている。

これらの文献や先行研究を踏まえて、意義と課題を明らかにし、日本の社会的養護児童に対するアドボカシーの制度化について提言を行う。提言における準拠枠は、第2章で行う権利代弁機能の再定義を用いている。

2.2　現地調査の概要

　本研究は文献研究である。英国の現地調査では文献調査の理解及び書類の収集を目的としてインタビューを行った。

　筆者は2009年9月から1年間イングランドに滞在し、資料収集を行った。滞在期間中の2010年3～8月にはインタビューや視察を行った。その後、2013年2月に再び渡英してインタビュー調査を行った。インタビューは下記のアドボカシーサービス及びその関連団体の合計22団体、延べ31名の方に実施した。協力者には調査目的を書面で説明し、インタビューの使用許可を得た。

　日本には存在しない仕組みだからこそ、アドボカシーサービスを実際に提供している団体やその関係者から実情を聴き、さらにはアドボケイトの活動を実際に視察する機会を得たことは本研究にとって有益であった。これらの知見は、間接的に本研究に援用している。

［インタビューにご協力いただいた団体］
・アドボカシーサービス
　ボイス（Voice）[5]、バーナードス（Barnardo's）、ザ・チルドレンズ・ソサエティ（The Children's Society）、ナショナル・ユース・アドボカシー・サービス（National Youth Advocacy Service）、アクション・フォー・チルドレン（Action for Children）、ノースウェスト・アドボカシー・アンド・アドバイス・アソシエーション（Northwest Advocacy and Advice Association）、コーンウォール・アドボカシー（Cornwall Advocacy）

・子ども権利サービス
　ランカシャー子ども権利サービス（Lancashire Children's Rights Service）、ハマースミス・アンド・フルハム子ども権利サービス（Hammersmith

and Fulham Children's Rights Service）

- 子どものアドボケイトを専門に養成する団体
 ケイト・マーシャー・トレーニング（Kate Mercer Training）

- 社会的養護のピアアドボカシー団体
 ボイス・フロム・ケア（Voices from Care）

- 障害児のアドボカシーに関する団体
 障害児協議会（Council for Disabled Children）、ザ・チルドレンズ・ソサエティ障害児プロジェクト（The Children's Society）

- 子どものアドボカシーの研究者が在籍する組織
 西イングランド大学（University of West England）、カーディフ大学（Cardiff University）、グラモーガン大学（University of Glamorgan）、ザ・チルドレンズ・ソサエティ研究組織（The Children's Society）

- 英国の子どもコミッショナー
 イングランドコミッショナーのイレブン・ミリオン（11 Million）、ウェールズコミッショナー（Commissioner for Wales）、子どものスコットランドコミッショナー（Scotland's Commissioner for Children and Young People）、北アイルランドコミッショナー（Northern Ireland Commissioner for Children and Young People）

- 地方自治体
 ブラッドフォード・カウンシル（Bradford Council）

3　本書の構成

　まず全体の構成を述べる。序章では、本研究の研究課題、研究方法、現地調査の概要及び構成について述べる。加えて、全体を通して使用する用語である子どもとアドボカシー、意見表明権／聴かれる権利について概念規定を行う。

　第1章では、日本の子ども家庭福祉分野における参加・アドボカシー・権利擁護の先行研究、イングランド及びウェールズのアドボカシーサービスの先行研究を明らかにし、本研究の位置及び意義を述べる。

　第2章では、日本の児童養護施設入所児童に対する権利擁護システム及び聴かれる権利を実質化する「権利代弁機能」の制度的課題を明らかにする。イングランド・ウェールズの同サービスの対象は、主として社会的養護児童である。ただ、現在の日本においては社会的養護児童の約9割が施設養護であること、また同サービスは現地でも施設入所児童による利用が比較的多いという報告があることから、日本での制度提案に関しては児童養護施設を中心に想定している。

　第3章ではイングランド及びウェールズの児童福祉領域における子どもの参加とアドボカシーサービスの政策の歴史的展開と現状について考察する。1970年代から発展してきた子ども参加の歴史、法律・条約や政策・ガイドラインを取り上げる。その後、アドボカシーサービスに関する政策について、社会的養護児童・ニーズのある子ども・ケアリーバーを対象としたもの、公的医療・精神保健に関わるもの、すべての子どもを対象としたウェールズのアドボカシーサービス、アドボカシーサービスの関連職種を明らかにする。

　第4章はアドボカシーサービスの政策と実践の拠り所となっている子どもアドボカシーサービス提供に関する全国基準（保健省）を検討する。まず、アドボカシーサービス全国基準の構造について明らかにした上で、権利代弁機能として合致しているかどうか検討する。

　第5章ではファミリーグループ・カンファレンス（Family Group

Conference, 以下FGC）という家族主導で進められる意思決定会議におけるアドボカシーサービスの制度・運用について検討する。FGCは子どもが参加する6つのケース会議のうちの1つであり、子どもがみせかけの参加にならないように主にアドボケイトが配置される。FGCにおける独立したアドボケイトの役割、アドボケイト配置の背景を分析する。その上で、意義と課題を述べる。

　第6章はウェールズの苦情解決制度について、苦情の定義・対象、苦情解決制度の歴史・仕組み、苦情解決において子どもの支援を行うアドボケイトの利用、アドボケイトの役割、独立訪問型のアドボケイトについて明らかにし、意義と課題を述べる。

　第7章はアドボケイト養成過程についてである。アドボケイト養成の方法、「独立アドボカシー」という新たな資格、資格の中の選択ユニット「子ども独立アドボカシー」の仕組みについて考察する。

　第8章ではアドボカシーサービスの提供にまつわる課題を明示する。行政とのサービス水準契約、資金調達や運営体制の在り方、守秘義務をめぐる問題、アクセスとサービス提供対象者の限定問題、政策提言の在り方について明らかにする。

　第9章は、アドボカシーサービスの意義と課題を整理し、日本への示唆を述べる。その際、第2章で述べた権利代弁機能の定義を準拠枠に検討を進めた。日本で権利代弁機能が果たされる制度にするために何が必要かを述べた。

　第10章は、日本においてアドボカシーサービスを制度化する場合にどのような制度や提供体制が考えられるか、第9章及び日本特有の行政上の提供体制を考慮してモデルを構築した。法律制定、条例制定、事業委託の場合について検討した。

4　概念規定

4.1　子どもの概念

本書では、イングランド及びウェールズの政策を述べる際に、日本とは異なる概念で子どもや福祉に関する用語を用いている。ここに、用語の概念を示しておくこととする。

神（2009: 208）によれば、英国の政策では、

> 一般的に、子どもの年齢を0-4歳（Early years）、5-13歳（Children）、14-19歳（Young people）のステージに分けて区分し、それぞれのステージに合った政策を策定することが多く見られる（但し、公的文書の中で子ども政策の射程年齢である19歳以下（ケアの必要性がある場合24歳以下）を一括してChildrenとすることもある）。

としている。本書ではこれを踏まえて、0-4歳（early years）を「乳幼児」、5-13歳（children）を「児童」、14-19歳（young people）を「若者」と基本的に翻訳した。19歳以下（ケアの必要性がある場合24歳以下）であるchildren and young people、または年齢区分が明らかでない場合のchildrenを「子ども」と翻訳した。ただし、法律や政策に関するものについては、慣例に従い、childは「児童」、children and young peopleは「児童若者」と翻訳した。

次にイングランド及びウェールズで福祉サービスを受けている子どもの呼称について説明する。「ニーズのある子ども」（child in need）は、1989年児童法（The Children Act 1989）17条の定義では次の（a）から（c）のいずれかである。

> （a）この条項に基づく地方自治体の施策なしには、通常の健康や発達が達成あるいは維持できない、または、そうなる機会が得られないと思われる子ども

(b) 上記のような施策なしには健康や発達が深刻に阻害される、あるいはいっそう阻害されるおそれのある子ども
(c) 障害のある子ども 　　　　　　　　　　　　(DoH et al.=2002: 57)

「ニーズのある子ども」にあてはまるのか、「重大な侵害を受けている、あるいは受けている疑いのある」(1989 年児童法 47 条) ケースなのかを、「ニーズのある子どものアセスメントフレームワーク」を用いて初期アセスメントで判断する。

「ニーズのある子ども」には、以下のような状態にある子どもが含まれている。

> 精神保健上の問題がある／障害がある／学校に行っていない (excluded from school)／停学処分を受けている／難民申請者または難民または同伴者のいない未成年 (asylum seekers or refugees or unaccompanied minors)／ホームレスであるため避難している／ホームレスであるため保護施設にいる／ホームレスまたは不十分な住宅に住んでいる／家から離れて居住型の入所施設や寄宿学校・セキュアユニット・矯正施設または独立した病院に入所している／非行 (虞犯を含む) のため少年司法システムで保護や矯正を受けている／ヤングケアラー／虐待やネグレクトを受けている、または受ける可能性がある／就学年齢の母親。　(WAG 2009: 18)

「社会的養護児童」(looked after children) は、1989 年児童法 22 条の定義によると、「(a) ケアにいる、または (b) 地方自治体によって住居を提供されている子ども」である。つまり、実家から離れて里親や施設にいる子どもである。たとえ親と住んでいても、「ケア命令」の子どもも「社会的養護児童」となる (Brammer 2010)。ケア命令とは、子どもの要保護性と親の有責性の立証が成立した後、子どもの状況によっては裁判所が子どもに対する権利義務を地方自治体へと移転する命令のことである。

なお、本研究で使用する「ケアリーバー」(care leavers) とは「16歳の時点でケア命令を受けており、かつ14歳から16歳の間に合計13週以上、地方自治体によって養護委託されていた経験があり、現在ケアを離れている者」を言う（Oxford City Council 2008）。

「リービングケア」(leaving care) とは、2000年の児童（リービングケア）法で「現に措置を受けている児童だけでなく、措置を受けたことがある16-17歳の児童、そして同じく措置経験している18歳から21歳までの若者などまでリービング・ケアの対象として、自治体にその義務を課している」（木戸 2013: 102）という意味である。

4.2 アドボカシーの概念

アドボカシーは多義的な用語であり、誰がどのような目的で使用するのかによって定義が異なってくる。本研究で「アドボカシー」を使用する場合、特に断りのない限り、アドボカシーサービスが掲げる定義を指す。

イングランド及びウェールズ政府のアドボカシーサービスの全国基準はアドボカシーを次のように定義している。

> アドボカシーとは子どものために声を上げることである。アドボカシーとは子どもをエンパワーすることである。そのことによって子どもの権利が尊重され子どもの意見と願いがいつでも聞いてもらえるようにするのである。アドボカシーとは子どもの意見、願い、ニーズを意思決定者に対して代弁することである。そして彼らが組織の中でうまくやっていけるように助ける。子ども（施設経験者を含む）のアドボカシーに関するこの基準は21歳までの年齢を対象とする。アドボカシーサービスは独立性と守秘をもって次のことを提供する。
>
> ・情報／助言／代弁／代理／支援　　　　　（DoH=2014: 168）

子どもために「声を上げる」こと、子どもを「エンパワーすること」

という2つの行動によって、「子どもの権利が尊重され子どもの意見と願いがいつでも聴いてもらえるようにする」ということである。

　一方、アドボカシーに関連する文献の中には、アドボカシーサービスの定義よりも、ラディカルな定義が散見される。子どもが声を上げるという考えは、おとなと子どもの力関係に異議を申し立てることだというものである。たとえば、サービス利用者とサービス提供者の力関係を調整する重要な役割をアドボカシーが果たすことを意味するという (Samuel 2002)。また後述する先行研究部分で引用したメルトン (Melton 1987) の定義も権力関係の再分配を目的にしている。アダルティズム (adultism, 子ども差別) による子どもへの抑圧を問題にする場合、メルトンのように権力関係を再分配するために「声を上げる」のである。

　本研究では、特に断りのない限り「アドボカシー」については先述の定義（全国基準）とする。一方、権力関係への異議申し立てとしてのアドボカシーを意味する場合は、アドボカシーの定義について説明を加える。

4.3　アドボケイトの概念
（1）様々な立場のアドボカシー

　本研究ではイングランド及びウェールズのアドボカシーサービスに所属し、アドボカシーを専門に働く者をアドボケイト（Advocates）と規定する。イングランド及びウェールズにおいては、Independent Advocates／Professional Advocates／Independent Professional Advocatesなど様々な呼び方がある。ただ、原文でIndependent Advocatesと記載されているものを直接引用した場合には、独立アドボケイト、Professional Advocatesの場合は専門アドボケイトと訳している。また、訪問型のアドボケイトについては独立訪問アドボケイト（Independent Visiting Advocates）と記載する。

　本来、アドボカシーを行う者は、アドボケイトだけではない。木原 (2001: 34) が述べるように、アドボカシーは古典ギリシャ語の「パラクレートス」が翻訳されたものとされている。パラクレートスには、「助

ける人（慰める人）」「弁護する人（代弁する人）」という2つの意味があるという。これらの意味からもアドボカシーは、専門職やアドボカシーサービスのアドボケイトが行う特別な仕事ではなく、家族や友人などのインフォーマルな関係の中でも行われている（堀 2009: 14）。

そこで、ウェールズ議会政府は異なる立場からのアドボカシーの形態を4つにまとめている（WAG 2009: 16）。教師や施設職員などの専門職によるア

図 0-1　アドボカシージグソーの概念図

ドボカシーを「フォーマルアドボカシー」、親や家族を「インフォーマルアドボカシー」、同じ経験をもつピア（仲間）によるアドボカシーを「ピアアドボカシー」、そして本研究で取り上げるアドボケイトのことを「独立／専門アドボカシー」と呼んでいる。そしてその4つを組み合わせてジグソーパズルのように「アドボカシージグソー」と名付けている（図0-1）。それぞれのカテゴリーの間には役割の違いがあり、相互に連関し合っていることを示している。

ウェールズ議会政府は子ども向けに、各アドボカシーの特徴について表0-1のように説明している。本研究では、この表で示している独立アドボケイトについて述べる。

(2) ソーシャルワーカーと独立アドボケイトとの違い

表0-1で示されているように、専門職であるソーシャルワーカーにもアドボカシーの役割があり、子どもの権利を保障するために重要な役割を担っている。

独立アドボケイトとソーシャルワーカーとの違いを検討するにあたっ

表 0-1　4つのアドボカシーの特徴

　アドボカシー提供には様々な方法があり、たくさんの人たちがアドボケイトとして支援することできます。しかし、インフォーマルアドボカシー、フォーマルアドボカシー、独立／専門アドボカシー、ピアアドボカシーの間には役割の違いがあり、相互に連関しあってアドボカシーが進んでいくのです。

フォーマルアドボカシー
　あなたは、子どものために働く専門職に対して、サービスにアクセスするのを手伝ってほしいと思うときがあるでしょう。これらの人々は、通常、子どもを助け子どもの利益の実現に向けてアドボケイトする目的で雇用されている人々です。たとえばユースワーカー[12]、教師、養護教諭、プレイワーカー[13]、児童指導員等、様々な人たちがこうした専門職です。情報を得て必要なサービスを見つけるのを彼らは手伝ってくれます。またあなたの決断を、必要な援助が得られる機関を探すことを、そしてあなたに影響する決定に確実に意見が言えるように手助けしてくれます。

インフォーマルアドボカシー
　たいていの人は、自分に権利や資格があるサービスにアクセスする支援を、親、養育者、家族、友達、近所の人、友達の両親などから得ています。彼らはあなたが自分の考えを言葉にするのを手伝ってくれます。気持ちを表現し、決断するのを手伝ってくれます。彼らは無償のアドボケイトです。

ピアアドボカシー
　あなたは、何かをやめさせたり、始めたり、変えたりするために他の子どもに助けてほしいと思うときがあるでしょう。自信に満ち溢れた子どもたちがいて、彼らは喜んであなたの意見を他の人に伝えてくれます。そうした子どもたちは、ピアアドボケイトとして活動するための訓練を受けているか、ピアアドボカシーの団体やプロジェクトに所属していることもあります。

独立／専門アドボカシー
　あなたは、意見や気持ちを聴いてもらえないと感じたとき、自分に権利や資格があるサービスにアクセスできなかったとき、またはできなくさせられたとき、独立／専門アドボケイトに助けてほしいと思うときがあるでしょう。これらの人々は、あなたに影響を及ぼすすべての決定において、あなたの意見が聴いてもらえるように手助けしてくれます。そしてそのための資格を持ち、訓練を受け、お金をもらって働いている人がほとんどです。彼らは、あなたが嫌だと思っていることや、また聴いてもらえていないと感じている問題に取り組みます。彼らはあなたと一緒に会議に参加し、何が行われているのかを理解できるようにあなたに伝えます。またあなたの意見が会議の中で考慮されるようにします。「こうしたらいいよ」と助言するのではなく、あなたが自分の意見を言えるように手助けするのです。アドボケイトの考えを押しつけることはありません。

出所：WAG 2009: 16

て、鍵となるのは「独立性」と「子ども主導」である（栄留 2014b）。

独立アドボケイトは福祉サービスを提供する者ではない。福祉サービスとは独立した立場で、子どもが受けているサービスに、子どもの意見や苦情を根拠に改善するように促す立場であり、分かりやすく言えば弁護士のような存在である。

そして、ソーシャルワーカーは、子どもの「最善の利益」を求めて支援するが、独立アドボケイトは最善の利益をとらない方針である（DoH=2009: 171, 基準 1; 栄留 2014b）。「子ども主導」で、あくまで子どもの声を根拠に活動する。

確かに、ソーシャルワーカーも子どものニーズを聴く重要な立場にある。しかし、ソーシャルワーカーは子どものニーズのみを根拠に仕事をしているわけではない。子どもの最善の利益を確保するために、子どもの思いとは異なることもする。極端な例だが、緊急的に一時保護をする場合、子どもが嫌だと伝えても、養育状況や子どもの様子から社会診断を行い、子どもの最善の利益を考慮して、一時保護をすることもある。またソーシャルワーカーは子どもの思いだけではなく、保護者や他機関との調整を図りながら、子どもの最善の利益を実現していこうとする専門職である。

独立アドボケイトは、独立した立場で、福祉サービスを受けていて弱い立場に置かれている子どもの側に立つ存在である。

4.4　子どもの意見表明権／聴かれる権利の概念

本研究で多用する「子どもの聴かれる権利」(the right of the child to be heard) とは、国連子どもの権利条約 12 条に規定された権利を示している。日本で 12 条は「意見表明権」として知られているため、本書の副題には「意見表明権」の文言を入れたが、本書内ではあえて「聴かれる権利」としている。理由は本節の終盤に書いている。まずはこの 12 条の説明をする。

子どもは、おとなによる保護や支援が必要であるため、保護の対象とされてきた。条約は、子どもも独立した人格と尊厳を持ち、権利を享有

し行使する主体として把握することを基礎に、権利を保障している（荒巻 2009: 6）。条約は保護だけではなく、権利を行使する主体として、子ども観を転換したことに特徴がある。この子どもの権利行使の主体性を示した、核となる権利が、12条の「聴かれる権利」である。12条は、前文と3章54条から成る条約の中でも、4つある一般原則の1つに数えられる重要な条文である。他の一般原則は、2条（差別の禁止に対する権利）・6条（生命、生存および発達に対する権利）・3条（子どもの最善の利益の第一次的考慮）である（CRC=2011b: para68）。12条は、すべての権利と結びついている権利である。この点について、国連子どもの権利委員会は次のように述べる。

> 第12条は条約の他のすべての条項とも関係しているのであって、これらの規定は、子どもがそれぞれの条項に掲げられた権利およびその実施について自分なりの意見を有する主体として尊重されるのでなければ、全面的に実施することができない。
> （CRC=2011b: para68）

このように、12条以外の条項を実施する場合であっても、子どもの聴かれる権利を重視する必要があり、その意味でも基盤となる権利である。

次に、12条の2つの条項について示し、本研究におけるそれらの解釈を明記する。

1　締約国は、自己の意見を形成する能力のある児童がその児童に影響を及ぼすすべての事項について自由に自己の意見を表明する権利を確保する。この場合において、児童の意見は、その児童の年齢及び成熟度に従って相応に考慮されるものとする。
2　このため、児童は、特に、自己に影響を及ぼすあらゆる司法上及び行政上の手続において、国内法の手続規則に合致する方法により直接に又は代理人若しくは適当な団体を通じて聴取さ

れる機会を与えられる。
（Office of the United Nations High Commissioner for Human Rights=1989）

　1項では、子どもに関係するすべての事柄に関して「自由に自己の意見を表明する権利」が子どもにはあり、それは子どもの年齢や成熟度に従って相応に考慮されるものであることが示されている。そのため1項では「意見表明権」を、そして2項は1項の意見表明権を確保する「手続的権利」として司法上及び行政上の手続きにおいて「意見を聴取される機会」を保障している（矢吹 1998: 148）。

　喜多（2009: 100）が述べるように、日本で12条は「意見表明権」(the right to express his or her views）を定めたものとして「よく知られている」。しかしながら、筆者は、12条を「聴かれる権利」として本研究で用いる。その理由は、第1に、本研究は社会的養護児童を中心とし、意思決定過程や苦情手続き過程の中で子どもの聴かれる権利を保障すること、すなわち2項の手続的権利に主眼を置いているからである。このため、意見表明というよりは受け身的ではあるが、「聴かれる権利」という言葉を採用している。第2に、12条に関する国連子どもの権利委員会の一般的意見（CRC 2009）がこの権利を「聴かれる権利」(the right of the child to be heard）と明記していることにある。本研究では、この一般的意見が12条の解釈を詳細に示していることから、多数引用している。このことからも、「聴かれる権利」という言葉で12条を示す。しかし、「意見表明権」を保障するためには、聴かれる機会の保障、すなわち「聴かれる権利」が必要なのであり、「聴かれる権利」を保障するためには、「意見表明権」の保障が必要である。両者は相互に関係しており、両者とも重要であるという認識が必要不可欠である。このような認識を広めるためには、意見表明権と聴かれる権利を統合した別の言葉が本来的には必要であろう。

　本研究のアドボカシーサービスはこの聴かれる権利の保障に関わっている。1つには、この権利が保障されるように、子どもが意見表明を行

えるよう支援し、意思決定者が子どもの思いを考慮するよう促す役割である。もう1つは、2項で示されているように、子どもから指示を受けた場合には、「代理人」として子どもに代わって話すことがあるという点である。

注

1) 国連子どもの権利条約 12 条　1. 締約国は、自己の意見を形成する能力のある児童がその児童に影響を及ぼすすべての事項について自由に自己の意見を表明する権利を確保する。この場合において、児童の意見は、その児童の年齢及び成熟度に従って相応に考慮されるものとする。2. このため、児童は、特に、自己に影響を及ぼすあらゆる司法上及び行政上の手続において、国内法の手続規則に合致する方法により直接に又は代理人若しくは適当な団体を通じて聴取される機会を与えられる。
2) 本研究における「参加の権利」とは、子どもの日常生活に影響を与える種々の「意思決定に参加する権利」（Stein=2014: 11）という意味で用いられている。
3) CASA ボランティアは、裁判や他の場面（other settings）（たとえば住居の確保等）において、虐待やネグレクトされた子どもの最善の利益（the best interests）のためにアドボカシーを行う目的で、裁判官に指名された者である（CASA 2015a）。1977 年にシアトルで始まった（CASA 2015b）。
4) 「最善の利益」の定義や問題点については第 4 章で述べる。
5) ボイス（Voice）は、2013 年 10 月に Coram Voice に改名されている。
6) 入所児童の方が里子よりもアドボケイトを多く利用しているのは、アドボケイトの認知度が関係していると考えられる。オフステッド（Ofsted 2011: 27）の調査によれば、72％の児童ホーム入所児童がアドボケイトを認識しているのに対し、里子は 56％がアドボケイトを認識していた。これについて、イングランドのコミッショナーの報告書（Brady 2011: 38）では、児童ホームやセキュアユニット（後述の注 9 を参照）では通常、どのように

アドボカシーサービスにコンタクトできるかを詳しく教えると述べている。認知度やアクセス方法を詳しく知っているかどうかがサービスへのアクセスに影響していると考えられる。

7) 1989年児童法31条9項では重大な侵害を「不適切な養育や子どもの健康と発達を損なうこと」と定義している。この広い定義は、身体的なもの以外の形態の不適切な取り扱いと共に、身体的及び性的虐待を含んでいる。子どもが重大な侵害を受けている、あるいは受ける恐れがあると疑う合理的な理由があるときには調査する法的責任が地方自治体にはある。

8)「子どもの行動などが原因で学校から永久に、あるいは一定期間停学扱いを受けている子ども」(Advisory Centre for Education 2011)。

9) セキュアユニット(Secure Unit)とは、重大な侵害を受けるか自傷他害の恐れがある子どもを入所させ手厚いケアや治療を行う施設である(1989年児童法25条)。

10) 疾病や障害を持つ親族をケアする責任を負っている、主に18歳未満の子ども(柴崎 2005: 125-126)。

11) 津崎(2013: 19)は looking after by local authority を、地方自治体による育成=社会的養護として訳している。そして、社会的養護を受けている子どもを社会的養護委託児童としている(2013: 27)。本書では統一性を図るため、社会的養護児童として訳すことにする。

12) 青少年団体や地域の施設などにおいて、青少年の相談に乗り自主的な活動を支援する専門職である。

13) プレイパークなどで子どもの遊びを支援する専門職である。

第 1 章

子どもの権利擁護に関する先行研究

はじめに

まず本研究の周辺研究について、日本及び日本語で研究されている子ども家庭福祉分野の中で、子どもの参加、アドボカシーあるいは権利擁護の先行研究の系譜、到達点について整理する。次に、イングランド及びウェールズのアドボカシーサービスの先行研究についても整理し、本研究の位置及び意義について述べる。

1　日本の子どもの権利擁護に関する研究領域

筆者は 2013 年 12 月に「子ども」「児童」「意見表明」「福祉」「参加」「参画」「権利擁護」「アドボカシー」「advocacy」「protect/protecting children's rights」という検索ワードを使って、国立国会図書館及び国立情報学研究所（CiNii Articles）のサイトにて文献を調査した。これらの検索ワードを用いたのは、これらの言葉が、混合して使用されることがあるためである。エッセーを省いた学術論文及び著書を抽出した 62 件を章末の表 1-1 に示した。同表には、先行研究と共に政策を時系列で示した。政策と研究内容との関係を考えるためである。研究内容では、

大別すると次の5つの領域があると筆者は考える。第1に、社会的養護当事者団体の参加に関するもの、第2に、国連子どもの権利条約の視点から「権利擁護」を考えるものである。これについては、社会福祉基礎構造改革以降、「権利擁護」の情報公開、権利擁護体制について、実証的研究や政策提言が行われている。第3に「権利擁護」を行う専門家の役割について述べる研究がある。第4には、障害者自立生活運動やおとなのアドボカシー研究からの援用による研究がある。第5に、子どもの代理人についての研究がある。これは、家事事件における子どもの手続き代理人に関する研究である。各分野を代表する論者の研究を引きながら、先行研究の到達点及び課題を検討する。

2　日本の先行研究の到達点及び課題

まず、第1の社会的養護当事者団体の参加研究をリードしてきたのは、津崎哲雄である。津崎は、1982年から英国の社会的養護の当事者活動を紹介し、その当事者活動の存在意義を伝えてきた。英国で1970年代中期から活発になった社会的養護の当事者活動の展開や意義を紹介する先駆的な試みは、その後も津崎によって継続して研究されている。

津崎はそれまで英国の研究を行ってきたが、1991年に日本の養護施設の当事者活動について研究を発表する（津崎1991）。これは1988年から日本で始まった「全国養護施設高校生交流会」についての論考である。津崎は、利用者自身が受けているサービスについて声を上げる点が英国の運動と似ていると述べている。ただ、「英国のそれとはまったく無関係に開始された」活動であった。津崎はこの日本の活動が発展することを期待していた。ところが、全国養護施設高校生交流会は「経営者による交流会解散」となってしまい、2010年の著書で津崎は日本の当事者参加について「1981年から2010年が失われた30年」と述べている。そして、近年東京で設立された社会的養護当事者団体である「日向ぼっこ」などの活動に期待を込め、当事者団体の活躍に「期待」をしながら

も高校生交流会の解散のような「悪夢」が起こらないようにと述べている。

その社会的養護当事者団体である「日向ぼっこ」の著書『施設で育った子どもたちの居場所「日向ぼっこ」と社会的養護』(2009) においても津崎が執筆に加わっているなど、津崎の研究が当事者団体に影響を及ぼしている。

津崎は、40年前から、当事者参加について英国を中心に研究を行ってきた。英国の社会的養護の仕組みなど制度政策にも精通している。当事者参加、とりわけ当事者団体について述べていることから、個別のケースアドボカシーというよりも、同じ経験をした仲間（ピア）によるアドボカシー及びシステム・社会を変革しようとするシステムアドボカシーに着目した研究が主である。

第2に、許斐有をはじめとした国連子どもの権利条約の視点から「権利擁護」を考える立場がある。許斐は法学研究で展開されている子どもの権利論を援用し、子どもの聴かれる権利についても解説した点で重要である（許斐1991）。法学的立場で、子ども自身の意見を手続き的権利として聞き、それを尊重することの必要性を訴えた（1991: 50-51）。許斐は、当初「権利擁護」ではなく「権利保障」のために必要な、「子どもの権利保障法」の制定を提案していた。そこには3つの機能を盛り込む必要があると述べる。①人権救済を申し立てるシステム、②子ども自身がその権利を主張もしくは行使できないときに、子どもの権利を子どもの立場に立って代弁するシステム（「代理人もしくは適当な団体」の設置）、③第三者的立場から調整するシステムである。これらの機能は、許斐の論文の基盤となる考え方でこの後の論文にたびたび活用される。

許斐はカナダのオンタリオ州での在外研究を経て、カナダの「子ども家庭サービスアドボカシー事務所」(Office of Child and Family Service Advocacy) について紹介する（許斐1996）。そして、カナダの視点から日本の問題点を指摘していく。日本の「子どもの権利ノート」の問題として、相談窓口は用意されているが、「子どもの立場に立って活動する機関」や第三者の立場で問題を解決する機関の存在の欠如を指摘してい

る（許斐 1999）。

　許斐（2000）は、「児童福祉施設における権利擁護の実践的課題」について場面設定ごとに述べている。「1　子どもの権利ノートの作成と配布」「2　意見表明の機会の保障――意見表明権の保障　その1：措置、ケア内容、ケア計画、施設生活」「3　措置の見直しと定期的審査――意見表明権の保障　その2：審査請求の手続きを用意」「4　苦情・不服申立システム――意見表明権の保障　その3：専門機関の必要性」「5　子どものアドボカシー機関の設置――意見表明権の保障 その4」（許斐 2000: 150-154）というように、場面ごとでどのようなことが必要かをまとめた。許斐は、「権利擁護」自体の定義はしなかったが、権利擁護の在り方として聴かれる権利を中心とした権利擁護の在り方を述べている。

　許斐は法学的立場で、子どもの手続き的権利としての子どもの聴かれる権利の保障に取り組んだ。その法学的権利観を伝えたことは本分野での多大なる貢献であった。だが、残念なことに2001年に他界してしまったこともあり、在外研究先のカナダの子ども家庭サービスアドボカシー事務所や子どもの「権利代弁機能」に関して具体的な内容や制度について述べていないことが課題となろう。

　子どもの権利擁護について、日本の政策に影響を与えたのは、高橋重宏であった。1993年に、カナダの『子どもの権利ハンドブック』を高橋が紹介したことから、「子どもの権利ノート」の議論が活発になっていく。高橋はカナダへの在外研究から、カナダの権利擁護システムを紹介し始める（高橋ら 1995）。この高橋及び許斐の影響を受け、カナダの「子ども家庭サービスアドボカシー事務所」について学ぼうと、この事務所の所長であるジュディ・フィンレイ氏が日本へ招聘され、講演が行われた。[4]

　カナダの子ども家庭サービスアドボカシー事務所は、民間で運営していたが1984年に法律で正式に制度化され、公的機関となった。事業内容は「子どもからの相談や苦情、不服申し立てなどを受け、子どものために関係調整や代弁をする公的機関である」（許斐 1999: 8）。高橋によれば東京都、神奈川県の権利擁護システムはカナダのオンタリオ州の子ど

も家庭サービスアドボカシー事務所の取り組みを参考につくられているという（高橋 2000: 11）。

　高橋編（2000）『子どもの権利擁護――神奈川県の新しいとりくみ』は、神奈川県の取り組みを紹介した著書である。「子どもの権利擁護の変遷」という節から始まる。ここでは児童福祉法成立期である子どもの生存権の保障などから始まって、現代の子どもの権利条約などにつながっている。高橋は、社会福祉の研究者として、子どもの権利条約に限らず、これまでの子どもの権利の変遷を踏まえた権利擁護の捉え方をしている。『子どもの権利擁護――神奈川県の新しいとりくみ』は、神奈川県が全国に先駆けて設置した「かながわ人権相談室事業」及び「子ども人権審査委員会」「児童処遇評価事業」「子ども人権ホットライン」のシステムについて書かれている。高橋は「子どもの権利ノート」の紹介や、神奈川県の権利擁護システムの構築など、政策に影響を与えた功績がある。高橋は、政策をこのように推し進めたわけだが、権利擁護とアドボカシーを混同して使い（高橋 2000）、アドボカシーの理論的枠組みに欠ける中で制度化していった。また、代弁についてもどのような意味で使っていたのか、不明なままであったことに疑問が残る。

　子どもの権利条約を中心にした子ども家庭福祉領域の権利擁護研究といえば、長瀬正子もその一人である。長瀬は、この分野では唯一、レビュー論文を発表している。津崎・許斐を中心に引きながら、2004 年に「社会的養護のもとで暮らす子ども・若者の参加――児童養護施設における子どもの権利擁護の取り組みに注目して」を発表している。子どもの権利条約「12 条の意見表明権を基本的原則として位置づけた子どもの権利擁護」という定義で論じている。施設における具体的な場面を3つに分け（意思決定場面、日常生活、特に権利侵害を受けた場合）、到達点と問題点を指摘している。

　長瀬は主として、情報提供の問題点について研究している。これまでの研究は施設側への調査が多く、子どもの施設措置時や権利侵害の場面でどこまで子どもが情報を提供されているのかという問題が解決されていないと指摘する。そこで、長瀬は入所児童に配布される「子どもの

権利ノート」に関する実証的研究を行っている (2003; 2005; 2011)。長瀬 (2004) も指摘しているが、権利擁護については定義をせずに論じる論文がほとんどである。そのような中で、レビュー論文を発表し、権利擁護の定義をした点で貴重な研究である。

　以上、3名は子どもの権利条約を中心とした権利擁護に大きく貢献してきた研究者である。

　第3に「権利擁護」、あるいはアドボカシーを行う専門家の役割について述べる研究がある。山野則子 (2001) は児童虐待ケースの分析から、「ソーシャルワーカーのアドボカシー機能」について、ベイトマン (Bateman 1995) の定義と援助過程を用いて論じている。「特に自発的に訴えが行われない児童虐待の問題では見逃せない機能」として「アドボカシー」機能を強化する必要性を述べている。すなわち、子どもの「声なき声」にアプローチしている。才村純 (2005) も「自ら声を発することができない」からこそ、ソーシャルワーカーが代弁することの重要性を述べる。そのために、ソーシャルワーカーが「専門性」を高めるべきと述べられる。これに対して、栄留里美 (2009d: 152) は、このような子どもを「声なき声」とする風潮に疑問を呈している。子どもの声を聴くシステムに不備がある中で、「声なき声」とし、専門家が代弁することによる問題点を指摘した。

　また、「権利擁護」として児童養護施設内の職員による虐待の問題も取り上げられている (村田 2001)。竹中哲夫は、「ワーカーの権利擁護者として自己認識と実践技術を確保すること」(竹中 2006: 18) の重要性とともに、「現場ワーカーを支えるために自治体運営・施設運営に取り組む管理者こそ求められている」と締めくくる。

　このように、2000年頃からはソーシャルワーカー及び施設職員の「権利擁護」の必要性について多く述べられるようになる。専門家による権利擁護、アドボカシーを行うことの重要性が述べられるようになったことには意義がある。子どもの権利擁護のために、専門家が専門性を高めることが求められているという。しかし、専門性の問題だけではなく、子ども観の問題にまで踏み込んで議論しなければ、子ども自身の思

いではなく、専門家の見立てによる子どもの声になってしまう恐れがある。すなわち、パターナリズムに転化してしまう恐れがあることは指摘されるべきである。

このあたりの議論には、堀正嗣の研究がある。これが、第4の障害者自立生活運動におけるアドボカシーやエンパワメントの概念を援用する研究である。

1998年、堀正嗣は障害者自立生活運動におけるアドボカシーの理論展開を、初めて子ども家庭福祉の分野で援用した。「アドボカシーの思想と実践は、日本においては、障害者の自立生活運動の中で80年代に導入された」として、障害者の自立生活運動との関係を述べている。「障害者問題の場合と同様、子どもの権利主体性を前提としなければ、アドボカシーという考え方は成立しないのである」（堀 1998: 69）と述べる。その一方で、子どもの特徴として「社会的におとなは子どもを保護する責任を負っている」ということも重視している。ゆえに、「子どもアドボカシーにおいては、子どものセルフ・アドボカシーに原理的に依拠すると共に、実際にはおとなが主導的な役割を果たすことも重要になってくる」（堀 1998: 76）とする。

すなわち、子どもを「声なき声」とするのではなく、子ども自らが発言できるようにするセルフアドボカシーが中核にあり、その上で、おとなが主導的な役割を果たすということである。そして、根本的には、「今の社会には、子どもへの抑圧が社会制度の中に、文化の中に組み込まれている。そのような抑圧から子どもを解放していくことが子どもアドボカシーのめざす方向」という子どもへの抑圧との関係に言及した（堀 1998: 77）。

2001年、堀はおとなの分野で展開してきたエンパワメント・アプローチを援用して論じた。アドボカシーが「援助関係における力の不均衡を是正することを課題」とし、「エンパワメント・アプローチはクライエントの無力さを克服することをねらい」とすることから、「アドボカシーがエンパワメント・アプローチに立つ子どもの権利擁護の中核的な方法であると考えられる」（堀 2001: 90）と述べた。2009年の著書で堀

は、1998年に自身が示した障害者自立生活運動やエンパワメント・アプローチにおけるアドボカシー議論を詳述し、2011年には堀は英国の障害児のアドボカシーサービスの制度、理念、意義を述べている。

　堀の功績は、子どもの権利行使主体という子どもの権利条約からの観点だけではなく、セルフアドボカシーを重視し、さらに子どもへの抑圧、障害児への抑圧にアプローチするアドボカシー概念を論じたことである。

　ただ、堀は、理念について論じているのであり、具体的にどう行うべきかを詳述してこなかった。また、堀は障害学の研究者であることから、障害児を想定して書いている。そのためか、この分野で唯一存在するレビュー論文の長瀬（2004）にも堀の論文は掲載されておらず、社会的養護児童の研究文脈に位置づけられてこなかったという課題がある。

　栄留（2009a-d）は堀の理論を土台として、英国の社会的養護に関する政策の意義及び課題を、聴かれる権利の保障やアドボケイトの活用という観点から述べた。栄留は、制度や政策の運用について述べた点には意義がある。ただ、栄留は、施設や里親家庭への措置前の意思決定部分（会議）に関する子どもの参加について述べるに留まり、社会的養護に措置された後の聴かれる権利について述べていなかった。その後、栄留（2011a-e）は社会的養護児童の措置前から措置後についてのイングランド・ウェールズのアドボカシーサービスの制度を調査した。

　しかしながら、栄留（2011a-e）は、日本の研究が不十分であり、日本への示唆に至っていなかった。本研究では、これまでの栄留の研究を踏まえて、日本への示唆を導いたものである。

　第5として、子どもの代理人に関する研究がある。これは、法廷における子どもの代理人である。そこには栄留が研究する「アドボケイト」と同じ言葉である「アドヴォケイト」の提案がなされている。これは、裁判における「親や子」の「アドヴォケイト」創設の必要性について紹介される（才村2003）。親と児童相談所が衝突した場合の裁判で、親を支える人が必要であると述べる。その例として、英国のガーディアンアドリテム、アメリカのCASAが紹介されている。これらは、イングランド・ウェールズにおけるアドボカシーサービスのことを指しているの

ではない。この法廷における「アドヴォケイト」については、法学研究分野で2003年前後、そして近年「子どもの代理人」の議論（日本弁護士連合会家事法制委員会編 2010）が深まってきており、2013年1月に日本でも「子どもの手続き代理人」として施行されている。「子どもの手続き代理人」は法廷における代理人であり、社会的養護児童の日常場面では活用できないという課題がある。

3　本研究の位置及び意義

　日本における英国のアドボカシーサービスの先行研究は、津崎（1990）と堀・栄留の共著（2009）、堀編（栄留含む）（2011）のみである。
　津崎は、英国の「養護児童のためのアドヴァイス・不服申立手続き」の手順を説明する際に、「養護児童のための声」（A Voice for the Child in Care）という団体に所属する「弁護者」に支援を依頼すると述べている（津崎 1990: 129）。この論文では「弁護者」について説明はなされていない。この「弁護者」は、筆者が本研究で論じる「独立アドボケイト」と同じ者を指していると考えられる。
　本研究では、イングランド・ウェールズのアドボカシーサービス制度化の意義について明らかにし、日本への示唆を述べる。先述してきた日本の先行研究の文脈で考えれば、本研究は許斐が述べた「2．子どもの権利代弁機能」（許斐 1991）に特化した研究と位置づけられるだろう。
　許斐は、この権利代弁機能について、次のように説明する。

　　子どもが話したいことを自ら話せるように支持・援助する（エンパワーメント）とともに、必要な場合には、子どもの依頼または承諾を得て、子どもの思いや意見を代わって表明することである。このような代弁機能が用意されていなければ、意見表明権は実質的な権利とはならない。　　　　　　　　　　（許斐 2000: 157）

このように、代弁機能は聴かれる権利を保障するために重要な機能であることを述べている。許斐は、この代弁機能が重要である理由は２つだとする。第１に、子どもの能力と発達段階にもよるが、「自分の思いや考えなどを整理して意見表明するのは、なかなかむずかしい」ということである。「言葉を獲得している子どもであっても誰かのサポートを必要とする場合が少なくない」ということである。第２に、「大人との力関係」に言及している。

　　　大人との力関係では、多くの場合子どもは弱い立場にあるので、子どもが対等に大人（あるいは大人たち）に立ち向かうことは、ほとんど不可能に近いことである。このような場合に、アドボキット（advocate）と呼ばれる大人（ときとして年長の子ども）が子どもに寄り添うことで、子どもは安心して自らの意見表明をすることができるようになる。自分ひとりでそれができないときには、アドボキットによって自分の意見を代弁してもらうことができる。
　　　　　　　　　　　　　　　　　　　　　　　　　（許斐 2000: 157）

　本研究はまさにこの「アドボキット（advocate）」の研究である。許斐は、この「アドボキット」について、カナダの子ども家庭サービスアドボカシー事務所のことを想定している。その後、在外研究を経て、このカナダの「アドボキット」について紹介されているが、詳しい制度・運用については残念ながら述べられることがなかった。
　許斐は「子どもの権利代弁機能」について、当時「親を除く第三者が子どもの権利を代弁するシステムは、今のところ日本には、少年審判における附添人制度しか見当たらない（少年法10条）」(1996) としていた。
　先述したように、堀もアドボカシーの目的として、力関係の是正を挙げている。その意味では、許斐と同様の理由で、子どものアドボケイトの存在意義を述べている。
　堀が異なるのは、力関係の是正と共に、「代理人アドボカシー」がもつ問題点は「パターナリズムに転化」（堀 2009: 21-22）する危険性がある

という点を指摘したことであろう。

> パターナリズムの立場では、当事者の価値を低く見積もり、「どうせ何もわからない」「本人に発言させたり決めさせるのは可哀そうだ」という見方に立って、家族や専門職が当事者の処遇を決めてきた。それに対して、当事者主体のアドボカシーの考え方では、当事者の意思（自己決定）こそが尊重されるのである。
> （堀 2009: 22）

> 代理人アドボカシーは、セルフアドボカシーから乖離するとき、パターナリズムに転化し、当事者を依存させ無力化する。その意味ではセルフアドボカシーに依拠し、当事者のエンパワメントにつながるものだけが真のアドボカシーであるということができる。
> （堀 2009: 23-24）

すなわち、アドボカシーの本質はセルフアドボカシーであると堀は述べる。自己の権利のために訴えを行い周囲はそれを支えるという、障害者運動の分野では語られてきたことであるが、子どもの分野では述べられてこなかった概念である。ただ、どのようにセルフアドボカシーを支える子どものアドボカシーを行えばいいのか、日本の文脈には理念はあっても方策が見当たらない。さらに言えば、堀は専門職も含めてアドボケイトのことを代理人アドボカシーと述べているのであって、代弁に特化した役割をもつアドボケイトについて述べているわけではない。

許斐と堀の両者の間で議論がなされているわけではなく、各自で述べているにすぎず、それらを引き継いで発展させた者もいない。すなわち、権利代弁機能については、「権利擁護」に関する研究者の中でも認知を得ている分野だとは言えないだろう。

本研究では、イングランド及びウェールズのアドボカシーサービスという代弁機能に特化した世界でも例をみない政策や運用、課題を明らかにし、日本でのアドボカシーサービスの導入の可能性を示唆する。その

ことによって、代弁機能の認知を高め、導入を検討する際の基盤になるのではないかと筆者は考える。

4　イングランド及びウェールズのアドボカシーサービスの先行研究

　アドボカシーサービスのこれまでの研究は3つの観点で行われている。第1に、アドボカシーサービスの事業を量的及び質的に調査するものである。その調査は主としてアドボカシーサービスの事業を評価する調査は事業者ごと、または全国レベルで行われている（Dalrymple and Payne et al. 1995; Oliver et al. 2006; Pithouse et al. 2005; 2007ab; 2008; Chase 2008）。ウェールズの全国調査（Payne et al. 2006; Pithouse et al. 2005）、イングランドの全国調査（Oliver et al. 2006）がある。

　子どもが会議に参加する際のアドボカシーサービスの評価調査については再検討会議（Boylan and Braye 2006; Boylan 2008）、児童保護会議（Boylan and Wyllie 1999; Wyllie 1999; Dalrymple 2008; Dalrymple and Horan 2008a; 2008b）、ファミリーグループ・カンファレンス（Dalrymple 2002; Dalrymple 2007; Horan et al. 2003; Holland et al. 2005; Holland et al. 2006; Bell et al. 2006; Laws et al. 2007; 2008; 2010）などがある。障害児のサービス利用についての調査（Mitchell 2007; Knight et al. 2007; 2008）、苦情手続きの調査（Pithouse et al. 2008; Crowley et al. 2008）がある。

　いずれも、アドボケイトを利用した子どもからの評価を中心に、ソーシャルワーカーなどの専門家の意見、提供の仕組みについて調査し、その課題について述べている。

　その結果として、利用したほとんどの子どもがアドボカシーサービスを高く評価しており、より年少の子どもたちも会議に参加できるようになったり、意思決定の場にアドボケイトと出席することを選び、参加できたことに満足している。苦情解決の場面でも子どもはその独立性を評価している（Boylan and Boylan 1998; Boylan et al. 2005; Dalrymple 2002; Crowley et al. 2008; Dalrymple and Horan 2008a; Horan et al. 2003; Holland et al. 2005; 2006; Bell et al. 2006; Laws et al. 2007; 2008; 2010)。このように、アドボカシーサービスは子どもたちから一定の評価を受けているようである。

この満足度の背景について、社会的養護の若者への調査を行うボイランら（Boylan et al. 2005）は、「アドボカシーは、子どもが「見られるが聴いてもらえない」という社会的な見方、つまり市民としての若者の基本的権利を侵害する態度に挑戦することにおいて、潜在的な役割がある」（Boylan et al. 2005: 12）と結論づけている。

しかしその一方で、個々人へのアドボカシーである「ケースアドボカシー」への偏りの結果、制度及び政策に影響を与えることを目的としたシステムアドボカシーが疎かになっていることが指摘されている（Pithouse et al. 2005）。

近年のアドボカシーサービスの手続き主義化（proceduralism）、行政からの独立性、サービス提供者の能力、サービスへの子どものアクセスなどの問題が多くの調査で明らかになっている（Dalrymple 2008; Boylan 2008; Pithouse et al. 2005）。また、子どもが安心して話せるように、アドボケイトには可能な限り高い守秘義務が求められるが、行政との契約により、秘密を開示する場合があるという問題がある（Dalrymple 2001）。事業の資金不足、対象者が限られている、地域格差等の問題も見られる（Oliver et al. 2006）。さらに実践では、アドボカシーサービスに否定的な他の専門家からの抵抗に遭う場合があるという（Dalrymple 2003; Wilson 1995）。

第2に、技術に関する研究である。ダリンプル（Dalrymple=2011）は、2つの技術的指標を通して実践を評価している。1つは、「4つの基本原則」を通してアドボカシーサービスの発展と課題を明らかにするというものである（Dalrymple=2011: 218-229）。この原則とは、独立性・守秘・サービス利用者主導・エンパワメント（City and Guildes 2009）である。ダリンプルは、子どもアドボカシーの様々な定義はいずれもこれらの原則を含むものであると述べる。その4原則の意義を述べ、これらの原則に実践は近づきつつあるが、行政との関係性、手続き主義化によって課題があることが述べられている。もう一点は、ダリンプ

ル（Dalrymple=2011）が示した PRAISE（賞賛）という 6 つの要素の頭文字をとった指標による分析である（Dalrymple=2011: 230-233）。PRAISE は、アドボカシーサービスができた当初、ジェンキンス（Jenkins 1995）が英国において子どもの権利のためのアドボカシーを発展させるには、PRAISE が必要であると述べたものである。

PRAISE の内容は、Political will（政治的な意図）、Resources financial, human and material（経済的、人的、物質的資源）、Agencies with a power-base（権限をもつ事業者）、Investment in information and education（情報と教育のための投資）、Support networks（サポートネットワーク）、Engagement with key issues（主要な問題への取り組み）である（Jenkins 1995: 49）。

第 3 に、理論枠組みからの研究である。子どものアドボカシーの理論は少数ながら存在している。子どものアドボカシー理論は、単独で論じられず、常に概念を支える原則と共に論じられる。つまり、おとな分野のアドボカシー研究及び「子ども時代」「子ども観」を問い直す研究を援用する形で発展してきている。そして、子どもの参加、シティズンシップ、エンパワメント、オートノミー（自律性）、コンシューマリズム（消費者主義）、インクルージョンに関する概念と関係づけて子どものアドボカシー理論は論じられている（Atkinson 1999; Boylan and Dalrymple 2009）。

とりわけ、アドボカシーサービスは、「不平等と抑圧に挑戦する不可欠な要素として研究及び実践が発展してきた」（Dalrymple and Burke 2008: 11）と言われている。そこで多く引用されてきたのが、アメリカのメルトン（Melton 1987）の定義である。

> （アドボカシーは）子どもをエンパワーし、社会資源を活用することを可能にする。子どものアドボケイトは、子どもの地位を高め、彼らに影響を与えている制度が子どもにより良く対応し責任を果たすものになるように働きかける。アドボカシーは、子どものために行うソーシャルアクションによって成り立っており、自己決定力を高めるか、あるいは子どもたちが利用する権利をもつ

社会的、教育的、医学的資源の質を向上させることでもある。子どもアドボカシーは資源を再配置するために権力関係を再分配しようとするものであるから、本来的に政治的行為である。

〔Melton 1987: 357-358〕

　この権力関係を再分配する、政治的行為がアドボカシーサービスの核となっていると考えられる。英国で、理論的にこのメルトンの定義を取り込み、子どものアドボカシーを権力関係の再分配について理論構築したのはボイランとダリンプル（Boylan and Dalrymple 2009）となろう。彼らは反抑圧実践（anti-oppressive practice）というおとな分野の抑圧への抵抗理論を用いて、子ども分野の権力関係、抑圧に抵抗する実践の手段としてアドボカシーを理論化している。この反抑圧実践理論は保健・福祉分野で検討されてきた理論であり、ダリンプルは1995年に反抑圧実践の著書をバークと執筆し、反抑圧実践理論の初期からの著名な研究者の一人でもある。

　ダリンプルが反抑圧実践とアドボカシーの関係性について明らかにしたのは2009年であった。しかし、それ以前のダリンプルの論文にも反抑圧実践としてのアドボカシーという思想が反映されている。たとえば、ファミリーグループ・カンファレンスになぜアドボケイトが必要かという点で、ダリンプルは1つの事業所の例をとりあげ、家族中心の意思決定という中に、子どもと家族構成メンバーとの権力関係、子どもと専門家の間の権力不平等性を指摘している。家族中心という理念は子どもを周縁化する可能性を挙げている（Dalrymple 2002）。このような権力関係という点では以前からダリンプルは反抑圧実践の立場で研究してきた。

　これまで述べてきたように、イングランド・ウェールズにおいては大別して3つの観点から研究が行われているが、アドボカシーサービスの政策やガイドライン、既存の研究成果を踏まえた研究は行われていない。またアドボカシーサービスの政策の全体像を示した論文も存在しない。

　本研究では、アドボカシーサービスの政策やガイドライン、既存の研究を踏まえて全体像を示し、日本の政策との関係を考察し導入の可能性

を検討する。そのため、現地でも行われていない研究という意味でも、本研究は意義があるものと筆者は考える。

注

1) 日向ぼっこは、当事者団体として「意見表明文」(2007年)を厚生労働省と全国児童養護施設協議会に提出し、国の審議会での発言等「居場所」に留まらず政策への「参加」「システムアドボカシー」の側面も示している。「意見表明文」は「①措置理由の説明が不充分、人生の選択(施設・担当職員・進路等)に子ども自身があまり関われていない、などのシステム上の課題の改善、②措置される施設によってラッキーアンラッキーということがなくなるよう施設間格差の是正、③子どもを押さえつけず、子どもの気持ちに寄り添い、子どもの可能性を引き出すことのできる援助者の養成」(社会的養護の当事者参加推進団体日向ぼっこ 2009: 44)を求めている。

2) 津崎も国連子どもの権利条約や社会福祉構造改革を契機に、日本のケースアドボカシーの問題点について述べている。たとえば、1993年から社会福祉系研究雑誌で「権利擁護」について特集が組まれるようになると、その中で津崎も「子どもの意見表明権と施設養護改革」という論考を発表している。この論文で、施設選択における意見表明権行使、子どもが利用しやすいよう受取人払い封筒付きの「施設利用ガイドブック」を作成する必要性を訴えている。

そして、子どもの権利条約の聴かれる権利をめぐる議論を契機に「経営者組織(全社協全国児童養護施設協議会)の機関誌『季刊 児童養護』でさえも、最近号から児童処遇を「施設サービスそのものを利用する子どもの側にたって改革することが最も重要である」とうたい始めている」(津崎 1993: 5)と、現場での変化を指摘した。

3) 子ども家庭サービスアドボカシー事務所は後に、序章で示したカナダ・オンタリオ州の「地方子ども若者アドボカシー事務所」(Office of the Provincial Advocate for Children and Youth)に名称を変更している。

4) フィンレイ氏は 1997 年 10 月 27 日から 11 月 9 日まで来日滞在し、東京と大阪で講演を行った（平野訳 1998）。
5) 神奈川県は、1993 年の児童福祉の計画である「かながわ子ども未来計画」の策定方針を決定したときに、「子どもの権利擁護を明確な検討課題として初めて取り組んだ」（高橋 2000: 34）という。この計画を具体化するために、10 の提案が行われた。その中の 1 つが「子どもの声を受け止め、反映されるしくみをつくろう」である。この提案に基づき、人権救済機能・代弁機能・調整機能として「オフィシャルガーデン制度」が検討された。それによって、子どもの権利審査委員会が作られた。これは、カナダのオンタリオ州の制度を見本に作られたものである。これは「子どもの人権擁護のため公平性、中立性を持つ有効なシステムの在り方や、その運営方法などについて調査研究を進めるべきである」という趣旨の下つくられている（高橋 2000: 36）。
6) 才村（2003）より以前に、森田（1999）や許斐（2001）が裁判場面を中心としたアドボケイトとして CASA や「子どもの弁護士」について述べていた。しかし、CiNii の検索サイト上ヒットしなかったため、才村（2003）を挙げた。

表1-1　日本の子どもの権利擁護に関する先行研究及び政策の歴史年表

年	文献タイトル	政策
1982	津崎哲雄「英国児童養護における利用者のサービス評価活動の展開とその意義」『四條畷学園女子短期大学研究論集』16: 111-130	
1987	津崎哲雄「英国児童養護における利用者参加――「養護児童の声」活動と全国養護児童協会」『ソーシャルワーク研究』12（4）: 240-245	
1988	加藤曜子「米国における青少年民間福祉機関の成立―― Children's Rights と Child Advocacy の視点から」『社会福祉研究』42: 82-86	全国養護施設高校生交流会開始
1989		国連子どもの権利条約が国連にて採択
1990	津崎哲雄「英国における児童養護改革の視座」『佛教大学研究紀要』74: 113-137	
1991	津崎哲雄「我国における「養護児童の声」運動の可能性――全国養護施設高校生交流会の展開とその意義」『佛教大学研究紀要』75：183-209 許斐有「児童福祉における「子どもの権利」再考――子どもの権利条約の視点から」（特集　今日の児童問題と児童憲章40年――高齢化社会のなかで）『社会福祉研究』52: 49-55	
1993	津崎哲雄「子どもの意見表明権と施設養護改革」（特集　社会福祉における権利擁護と利用者主体の思想――「福祉の質」が問われる時代）『社会福祉研究』57: 42-47	「子供の未来21プラン研究会」（「権利主体としての子ども」）
1994		4月　国連子どもの権利条約を日本政府が批准 5月　北海道養護施設議会「北海道施設ケア基準」（養護施設の権利保障）
1995	バーバラ・フレッチャー著、津崎哲雄・千葉茂明訳『こどもの声――里親家庭・居住施設で暮すこどもの意見表明』英国ソーシャルワーク研究会、子どもの声研究会 高橋重宏・木村真理子「子どもの権利擁護と子ども家庭サービス・システム構築への課題――カナダ3州（ブリティッシュコロンビア州・オンタリオ州・ケベック州）における子どもの権利擁護の動向（子ども家庭サービスのあり方と実施体制に関する基礎的研究）」『日本総合愛育研究所紀要』32: 161-169	3月　カナダ・オンタリオ州の『子どもの権利・責任ハンドブック』を参考に大阪府が全国に先駆けて「子どもの権利ノート」作成配布

年	文献タイトル	政策
1996	許斐有『子どもの権利と児童福祉法』信山社 高橋重宏・農野寛治・前川朋子「子どもの権利擁護のあり方に関する研究——大阪府「子どもの権利ノート」の成果と課題を中心に」『日本総合愛育研究所紀要』33: 207-239 菅源太郎「「児童の権利に関する条約」ウォッチング（5）子どもの参加を考えながら」『世界の児童と母性』41: 60-63	
1997	津崎哲雄「こんなめにあって一体だれを信頼せよというのか？——英国における施設内虐待に対する被害児童の意見表明」『社会学部論集』30: 193-208	6月 児童福祉法改正により保育所が利用選択性へ 要保護児童の保護から「自立」へ、母子家族も「自立」が目標となった
1998	Finlay, J., 平野裕二訳「カナダにおける子どもの権利擁護 ジュディ・フィンレイさん講演」『月刊子ども論』135: 7-14 堀正嗣「障害者運動におけるアドボカシーと子どもアドボカシー」『子ども情報研究センター研究紀要』15: 59-70 山縣文治・土井ヒサ子「要保護児童の施設生活と満足度——子どもの権利保障との関係で」『大阪市社会福祉研究』21: 10-24	6月 「社会福祉基礎構造改革について（中間まとめ）」 10月 神奈川県「かながわ人権相談室事業」、「子ども人権審査委員会」「児童処遇評価事業」「子ども人権ホットライン」 10月 東京都「子どもの権利擁護委員会」を設置 12月 川西市子どもの人権オンブズパーソン条例制定
1999	津崎哲雄「英国における児童福祉施設監査制度と子どもの意見表明」『社会学部論集』32: 163-180 津崎哲雄「英国における子どもの権利擁護の動向」（特集 子どもの権利擁護：外国の子どもの権利擁護の実際）『世界の児童と母性』46: 58-61 「特集 子どもの権利擁護」『世界の児童と母性』46号 許斐有「児童福祉領域における子どもの権利擁護の課題——カナダのアドボカシーシステムを手がかりとして」『子ども情報研究センター研究紀要』16: 5-12	
2000	許斐有「子どもの権利擁護システムの必要性と課題——児童福祉分野での子どもの権利保障実現に向けて」『社会問題研究』49 (2): 143-164 高橋重弘編『子どもの権利擁護——神奈川県の新しいとりくみ』中央法規	6月 社会福祉事業法等の一部を改正する法律施行 6月 児童虐待防止法制定 8月 児童福祉施設最低基準の一部が改正され「14条 苦情への対応」が新設

年	文献タイトル	政策
2000	古川孝順編『子どもの権利と情報公開——福祉の現場で子どもの権利は守られているか！』ミネルヴァ書房 高橋重宏・中谷茂一・荒川裕子ほか「児童養護施設における子どもの権利擁護に関する研究」『日本子ども家庭総合研究所紀要』37: 7-35	11月　児童虐待防止法施行
2001	福田公教「児童福祉改革に関する一考察——子どもの権利擁護の視点から」『研究紀要』9: 33-39 山縣文治「児童養護施設で暮らす子どもの権利と実践の課題」（特集 児童憲章の半世紀——子供の権利と子供家庭福祉の課題：各論）『社会福祉研究』82: 50-56 堀正嗣「子どもの権利擁護——子どもとおとなの共生を求めて」堀正嗣編著、黒川衣代・尾崎公子ほか『子ども・権利・これから』明石書店: 207-234 村田紋子「児童養護施設における権利擁護の現状と課題」（特集 権利擁護とソーシャルワーク）『ソーシャルワーク研究』27 (1): 19-25 山野則子「ソーシャルワーカーのアドボカシー機能について——虐待ケースの事例分析に基づいて」『子どもの虐待とネグレクト』3 (2): 325-331	
2002	田澤あけみ・福知栄子・林浩康『新児童福祉論——保護型から自立・参加型児童福祉へ』法律文化社 浅井春夫『子ども虐待の福祉学——子どもの権利擁護のためのネットワーク』小学館 許斐有・野田正人・望月彰編『子どもの権利と社会的子育て——社会的子育てシステムとしての児童福祉』信山社出版 大阪府健康福祉部児童家庭課・大阪府子ども家庭センター「「子どもの権利ノート」についてのアンケート調査結果報告書」	3月　児童福祉施設等評価基準検討委員会より「児童福祉施設第三者評価報告書」および「福祉サービス等第三者評価基準」が発表
2003	才村眞理「児童虐待防止における自治体ソーシャルワークに関する一考察」『社会福祉学』43 (2): 33-45 堀正嗣『子どもの権利擁護と子育ち支援』明石書店 鈴木力編『児童養護実践の新たな地平——子どもの自立支援と権利擁護を実現するために』川島書店	
2004	長瀬正子「社会的養護のもとで暮らす子ども・若者の参加——児童養護施設における子どもの権利擁護の取り組みに注目して」『社會問題研究』54 (1): 61-82 二宮周平「子どもの意見表明権と家族・福祉法制」（子どもの権利条約批准10周年記念特集　子ども	児童虐待防止法改正 東京都「子供の権利擁護専門相談事業」を開始

第1章 子どもの権利擁護に関する先行研究

年	文献タイトル	政策
2004	の意見表明・参加の権利）『子どもの権利研究』5: 12-19 川村百合「少年の意見表明権の保障と付添人活動」（子どもの権利条約批准10周年記念特集 子どもの意見表明・参加の権利：少年司法における「対話」——意見表明権との関連で）『子どもの権利研究』5: 39-42	
2005	鈴木力「施設養護における子どもの権利と人権を擁護する養育の質的向上への視点」『社会福祉』46: 13-26	
2006	竹中哲夫「子どもの権利擁護システムの到達点と課題」（特集1 子どもの権利を護る生活づくり）『児童養護』36（3）: 15-18	
2007	田中文子・堀正嗣編『子どもの権利擁護と市民の役割——格差社会からつながる社会へ』明石書店 山屋春恵「学校における子どもの権利擁護——スクールソーシャルワーカーの可能性とその役割を中心に」『秋草学園短期大学紀要』24: 213-224	児童虐待防止法　2回目の改正
2008	市川太郎「児童福祉施設に求められること——当事者参加視点からの現状と課題および展望」（特別企画 児童福祉施設——子どもの育ちを支える）『こころの科学』137: 59-65 柏女霊峰「子どもの権利を保障するための視点——子ども家庭福祉の再構築期を迎えて」（特集 子どもの権利を守る）『月刊福祉』91（1）: 12-17 山縣文治「子どもの権利擁護・権利保障と児童福祉施設——専門職の視点から」（特集 子どもの権利を守る）『月刊福祉』91（1）: 26-29 高木眞知子「子どもの自立のための権利擁護と家庭支援——子ども家庭福祉ソーシャルワークの専門性」『東北福祉大学大学院総合福祉学研究科社会福祉学専攻紀要』6: 53-66	
2009	田中文子「子どもNPO・市民活動の20年——子ども・家庭の権利擁護と市民の役割」（特集 子どもの権利条約の20年——なにが変わったのか）』『子どもの権利研究』15: 52-56 吉田恒雄「子ども虐待および社会的養護分野の進展と課題」『子どもの権利研究』15: 57-58 子どもの権利研究「目黒区の子どもの権利擁護委員と相談・救済」『子どもの権利研究』14: 87-90 「特集 子どもの声を聞く——子どもの手続上の代理をめぐって」『法律時報』81（2）: 4-53	4月　児童福祉法改正（施設職員等による被措置児童等虐待防止の取り組み）

年	文献タイトル	政策
2009	社会的養護の当事者参加推進団体日向ぼっこ編『施設で育った子どもたちの居場所「日向ぼっこ」と社会的養護』明石書店 堀正嗣・栄留里美『子どもソーシャルワークとアドボカシー実践』明石書店	
2010	津崎哲雄監修・著訳、レイサ・ペイジ、ジョージ・A・クラーク原著編『養護児童の声──社会的養護とエンパワメント』福村出版 加藤純「東京都子供の権利擁護専門職制度相談事業の実践より」（特集 あらためて「社会的養護」と「権利擁護」のつながりを考える──養育のいとなみが豊かに展開されることを願って）『児童養護』41（3）: 22-25 橋本好広「子どもの権利擁護サービスとしての「スクールソーシャルワーカー活用事業」──オンブズマンとの連携を見据えて」『ライフデザイン学研究』6: 237-245 村井美紀「児童養護施設における子どもの人権擁護と実践課題」『社会福祉研究』107: 37-43 井上仁「子どもの権利擁護から見た児童虐待防止法の課題──法改正と制度の整備」『福祉労働』128: 17-27 日本弁護士連合会家事法制委員会編『家事事件における子どもの地位──「子ども代理人」を考える』日本加除出版 川村百合「子どもに対する法律援助事業の意義と展望」（特集 日弁連法律援助事業の意義と展望）『自由と正義』61（10）: 26-30	
2011	堀正嗣編『イギリスの子どもアドボカシー──その政策と実践』明石書店	家事事件手続法が成立。子どもの手続き代理人が法定化
2012		社会的養護施設の第三者評価が義務化
2013	相澤仁編集代表・松原康雄編『子どもの権利擁護と里親家庭・施設づくり』明石書店	児童養護施設運営指針発表。「権利擁護」に関する7項目を明示 家事事件における子どもの手続き代理人制度施行

第**2**章

日本の児童養護施設入所児童に対する「権利代弁機能」の検討

はじめに

　本章は、日本の児童養護施設において子どもの権利代弁機能が制度上機能しているのかどうかを検討することを目的とする。まず聴かれる権利を実質化するための「子どもの権利代弁機能」を先行研究の検討を通して定義づける。次に、その定義に基づき、児童福祉法、児童相談所運営指針、児童養護施設運営指針における、子どもの権利代弁機能の制度上の位置づけとその問題点を検討する。さらに、施設内外に置かれた子どもの聴かれる権利を保障するための制度が有効に機能しているかどうかについて検討する。そのことによって、子どもの権利代弁機能の制度上の位置づけ及びその機能の現状と問題点を明らかにする。

1　子どもの権利代弁機能の定義

　山本（2000）や長瀬（2004）が指摘するように、日本では、子どもの権利擁護及びアドボカシーという概念が共通認識のないまま使用され、多様な定義が存在する。本研究では、子どもの権利擁護の中核として「代弁」を位置づけ、その特徴を述べた許斐（1991; 1999; 2000; 2001）の定

義を基盤として検討を行う。

1.1　許斐有による子どもの権利代弁機能の定義

先述したように、許斐（1991: 54）は子どもの権利擁護のために「①人権救済を申し立てるシステム、②子ども自身がその権利を主張もしくは行使できないときに、子どもの権利を子どもの立場に立って代弁するシステム（「代理人もしくは適当な団体」の設置）、③第三者的立場から調整するシステムが必要だ」と述べた。この中の②の「子どもの権利代弁機能」について次のように定義している。

> 子どもが話したいことを自ら話せるように支持・援助する（エンパワーメント）とともに、必要な場合には、子どもの依頼または承諾を得て、子どもの思いや意見を代わって表明することである。このような権利代弁機能が用意されていなければ、意見表明権は実質的な権利とはならない。　　　　（許斐 2000: 157）

このように、許斐の考える権利代弁機能は、「エンパワーメント」と、必要な場合には子どもの思いを代弁するという2つの要素により定義づけられている。許斐（2000: 157）はこの権利代弁機能を重要とする理由を2つ挙げている。第1に、子どもの能力と発達段階にもよるが、「自分の思いや考えなどを整理して意見表明するのは、なかなかむずかしい」ことや、「言葉を獲得している子どもであっても誰かのサポートを必要とする場合が少なくない」ためである（許斐 2000: 157）。第2に、「大人との力関係」に言及している。

> 大人との力関係では、多くの場合子どもは弱い立場にあるので、子どもが対等に大人（あるいは大人たち）に立ち向かうことは、ほとんど不可能に近いことである。このような場合に、アドボキット（advocate）と呼ばれる大人（ときとして年長の子ども）が子どもに寄り添うことで、子どもは安心して自らの意見表明をすること

ができるようになる。自分ひとりでそれができないときには、アドボキットによって自分の意見を代弁してもらうことができる。

(許斐 2000: 157)

このように、子どもの能力や「大人」との力関係から子どもが話せない環境になっていることを認識しているために、許斐は子どもの意見表明の支援が必要だと考えている。そして、その支援には、子どもが話しやすいよう支持・支援する「エンパワーメント」が求められている。

1.2　エンパワメント概念の発展

　許斐はカナダ・オンタリオ州子ども家庭サービスアドボカシー事務所の思想と実践から大きな影響を受けている。同事務所所長フィンレイ（Finlay=1998: 12）は、以下のように述べている。

　　アドボカシーとは、子どもや親が自分で話ができるよう「エンパワー」することだと考えています。エンパワーという言葉には「権限を与える」という意味がありますが、わたしが使っているのはそういう意味ではありません。誰でも自分の中に力を持っています。その力を発見し、その力を自分で話をするのを助けるのが私の言う「エンパワー」です。　　　　　　（Finlay=1998: 12）

　このように、エンパワーはアドボカシーの中核であることが窺える。英国における子どもアドボカシーサービス研究を行ってきたダリンプルも、「アドボカシーの原則」の１つに「エンパワメント」を挙げている（Dalrymple=2011: 227）。ダリンプル（Dalrymple=2011: 227）は、社会的養護などの社会的に不利な条件を持つことに伴う抑圧によって、子どもがそれぞれのもつ可能性を最大限に発揮することが難しくなっていると述べる。すなわち、ディスエンパワメントの状態を指摘している。社会的養護下にいることに加え、年齢、性別、障害の有無など様々な属性に基づく抑圧によって、子どもの本来の力が発揮できない状態に置かれてい

るという理解である。本人の力が発揮できるように支援していくことは、本来の力を取り戻すことである。そしてダリンプルのエンパワメントの目的は、単に個人の力を取り戻すだけではなく、様々な抑圧に、たとえば、子どもとおとなの力関係の変容にも言及している。

　許斐は、ケアを受けているという社会的な抑圧とエンパワメントの関係について、展開してはいない。またミクロ次元の、つまり個人的な力を取り戻すという意味でのエンパワメントとマクロ次元におけるエンパワメント、つまり属性に基づく社会的抑圧の構造を変革する実践としてのディスエンパワメントの関係についても、必ずしも自覚的ではなかった。この点が、許斐のエンパワメント理解の限界ではないだろうか。

　また、堀は真のエンパワメントのためには、セルフアドボカシーに依拠すべきであると述べる。

> 　セルフアドボカシーを根拠とした代理人アドボカシーも、当事者が社会的な抑圧によって奪われた誇りや力を取り戻すという意味のエンパワメントにつながるものでなければならない。代理人アドボカシーは、セルフアドボカシーから乖離するとき、パターナリズムに転化し、当事者を依存させ無力化する。その意味ではセルフアドボカシーに依拠し、当事者のエンパワメントにつながるものだけが真のアドボカシーであるということができる。
>
> 　　　　　　　　　　　　　　　　　　　　　　（堀 2009: 23-24）

　許斐は「代弁」の問題点について展開していない。おとなが代弁することにより、子ども自身の力を奪い、子どもを無力化することにつながる恐れがあることに自覚的である必要がある。このことから、権利代弁機能を実質化するためには、子どもの能力の問題、おとなと子どもの力関係、社会的養護などの社会的抑圧の問題から、子どもが話せない環境に置かれているという認識が不可欠であり、そのために「当事者が社会的な抑圧によって奪われた誇りや力を取り戻すという意味のエンパワメント」の視点が必要なのである（堀 2009: 23）。

1.3　子どもの聴かれる権利との関係

　先述したように、許斐は「権利代弁機能が用意されていなければ、意見表明権は実質的な権利とはならない」（2000: 157）と述べた[1]。しかし、聴かれる権利を実質的な権利にするための支援・援助はどのようにあるべきなのか、許斐は具体的に述べていない。この点は、国連子どもの委員会が 2009 年に発行した子どもの聴かれる権利の一般的意見[2]（CRC=2011b）を踏まえて、聴かれる権利の実質化を目指すべきであり、その聴かれる権利の行使を支えることが必要である。一般的意見とは、条約の規定に関する権威ある解釈として、政府等が正当に尊重しなければならないとされているものである（平野 2007）。

　ここでは、子どもの聴かれる権利の行使を支えるとはどのようなことなのかを検討する。国連子どもの権利条約 12 条である子どもの聴かれる権利を、国連子どもの権利委員会は、条約の 4 つの一般原則の 1 つとして位置づけている（CRC=2011b: para2）[3]。

　国連子どもの権利条約 12 条については序章の概念規定部分で引用しているが、再度述べる。

> 1　締約国は、自己の意見を形成する能力のある児童がその児童に影響を及ぼすすべての事項について自由に自己の意見を表明する権利を確保する。この場合において、児童の意見は、その児童の年齢及び成熟度に従って相応に考慮されるものとする。
> 2　このため、児童は、特に、自己に影響を及ぼすあらゆる司法上及び行政上の手続において、国内法の手続規則に合致する方法により直接に又は代理人若しくは適当な団体を通じて聴取される機会を与えられる。
>
> 　　　　（Office of the United Nations High Commissioner for Human Rights=1989）

　ここには「自己の意見を形成する能力」や「年齢及び成熟度」という規定がある。条約の解釈を示した乳幼児の一般的意見（CRC=2005:

para14)では「もっとも幼い子どもでさえ、権利の保有者として意見を表明する資格がある」とし、障害児の場合も同様に聴かれる権利の保障が「必要不可欠」(CRC=2011a: para32)と述べる。

　子どもの聴かれる権利の一般的意見（CRC=2011b: para40-46）において、この権利を実現するための「5つの段階的措置」が規定されている。まず、子どもの権利を子どもが知ることや話される内容を理解するなどの「(a) 準備」の後、子どもにやさしい聴取方法による「(b) 聴聞」をし、年齢及び成熟度によって重視する度合いを決める「(c) 子どもの力の評価」を行う。そして「(d) 子どもの意見がどの程度重視されたかに関する情報（フィードバック）」を提供し、そのフィードバックに不服のある子どもは「(e) 苦情申立て、救済措置および是正措置」をとる。

　この権利の実現のためには、このようなプロセスを経て、年齢及び成熟度に相応した考慮がなされなければならない。単なる意見聴取に終始するわけではなく、どれだけ子どもに準備を行っているか、フィードバックをしっかりしているか、苦情解決の方法を伝えているかが鍵になってくる。

　また、子どもの聴かれる権利の行使には、子どもが直接話す場合と「代理人若しくは適当な団体を通じて聴取される」場合とがある。国連子どもの権利委員会は、「いかなる手続においても、可能な場合には常に、子どもに対して直接に聴聞される機会が与えられなければならないことを勧告するものである」として、直接的な聴聞を奨励している（CRC=2011b: para35）。子どもの聴かれる権利の一般的意見（CRC=2011b: para36）によれば、代理人には、「(両)親、弁護士またはその他の者（とくにソーシャルワーカー）がなることができる」としながらも、これらの者と子どもとの「利益相反のおそれ」について強調している。そのため、代理人は子どもの利益を代弁することを第一とする自覚が不可欠であると勧告している（CRC=2011b: para37）。

　社会的養護児童の場合、保護者と交流がない子どもも存在する。社会的養護の場合は、特に代理人としての自覚と権利意識を持つことが重要だと考えられる。

1.4 「子どもの立場にだけ立つ」か「子ども主導」か

　これまで述べたようなエンパワメントの視点をもち、聴かれる権利の行使を支援することは施設職員の職務として必要なことである。しかし、施設職員と子どもとの思いが一致しない場合、職員は聴いてくれていないと子どもが感じている場合、職員には話したくない場合には、別の相談者、あるいは代理人が用意されるべきである。その選択の1つに、アドボケイトの提案がなされてきたのである。

　許斐は「子どもの立場にだけ立って代弁するアドボカシー」が子どもの権利代弁機能には必要であると述べている（許斐 2001: 243）。中立的立場ではなく、子どもの立場に立つということを徹底すべきであり、「オンブズパーソンはもともと中立的な立場に立つべきものではないのだろうか」とオンブズパーソンとの差異に触れ、アドボカシーのみを行う「アドボキット[4]」が望ましいことを述べた。許斐が具体的に想定しているのは、カナダの子ども家庭サービスアドボカシー事務所やカナダの「子どもの弁護士」のことである（許斐 1999: 8; 2001: 146, 224）。

　一方、英国のダリンプルは、「若者主導」（Dalrymple=2011: 225-227）をアドボカシー原則の1つに掲げている。子どもがアドボカシーの過程において主導権を持つ。アドボケイトは子どもの声であり、子どもが望むことのみを代弁するのである。その理由は、子どもと関わるおとな・専門職は「最善の利益であると判断する事柄に焦点を置いて意思決定を行うからである」（Dalrymple=2011: 226）。おとな、専門職の考える最善の利益という判断の下、消されてしまう可能性のある子どもの声を代弁するということである。ダリンプルは、若者主導（young person-led）を原則の1つに挙げているが、イングランドの子どものアドボカシーサービスの原則の1つを引用しながらその重要性を述べている（Dalrymple=2011: 225）。「アドボカシーは子ども・若者の意見と願いによって導かれる」（Advocacy is led by the views and wishes of children and young people. DoH 2002c: 3）というものである。このことから、ここでの「若者主導」は、若者に限定したものではなく子ども・若者が主導すると考えられる。

許斐の場合は、「子どもの立場にだけ立つ」が、「子ども主導」とは明言していない。しかし、子どものセルフアドボカシーに依拠するためには、子どもの立場に立つだけではなく、子ども主導を徹底して行う必要がある。子ども本人の意見、思いは何か、どのように伝えるのか、子ども主導で代弁が行われることが、すなわちセルフアドボカシーに依拠するということである。子どもの立場というところから、さらにセルフアドボカシーに依拠するために子ども主導を徹底する必要があると考えられる。

1.5　独立した第三者

　許斐は「親を除く第三者が子どもの権利を代弁するシステムは、今のところ日本には、少年審判における附添人制度しか見当たらない（少年法10条）」（2001: 145）とし、児童養護施設にもこの機能が位置づけられていないことを示唆した。そして、「現行の児童福祉制度では、児童相談所のソーシャルワーカー（児童福祉司等）や家庭裁判所の調査官などが、意識的にその機能を果たすことを期待するほかはない」（2001: 146）と述べている。

　一方、ダリンプルは、「独立性」をアドボカシーの原則の1つに掲げている（Dalrymple=2011: 219-220）。英国で1980年代に確立された障害者や精神障害者のアドボカシーサービスは、福祉サービス利用者と提供者の間において経験される不平等な権力関係に挑戦するツールとして確立している。そして、福祉サービスから独立していることが、「制度の中で声を上げる必要がある人々を支援する有効なアドボカシー実践に不可欠な基本原則であると認識されている」と述べる。

　第三者（third party）なのか、独立性（independence）なのか。第三者が必要ということであれば、たとえば、児童相談所も第三者である。しかし、施設と児童相談所は措置委託関係があるために、独立性に乏しい。独立性は、施設とはあらゆる利害関係がないことであり、たとえば運営資金上も制度上も関係がないということである。独立しているために、先に述べた子ども主導を徹底することが可能になる。そのため、独立し、

かつ第三者である者が、代弁を行うことが望ましいと考えられる。

1.6 子どもの権利代弁機能の再定義

これまで述べてきたことを踏まえて、「子どもの権利代弁機能とは、①独立した第三者が、②子ども主導の原則、③エンパワメントの原則に立って、④子どもの聴かれる権利の行使を支えることである」と再定義する。このうち、③④のみに該当し、①②を欠く場合を広義の「子どもの権利代弁機能」とする。これは児童養護施設の職員を含め、子ども支援に関わるすべての専門職が職務の一部として有している機能である。

2 「子どもの聴かれる権利の行使を支えること」に関する規定

これまで定義してきた権利代弁機能が、制度上どのように位置づけられているのかを以下に検討する。まず、児童養護施設入所児童に対する諸規定において、子どもの聴かれる権利とその支援がどのように記述されているかを検証する。対象は、児童福祉法、児童相談所運営指針、児童養護施設運営指針である。

2.1 児童福祉法にみる子どもの「意向」

日本政府は国連子どもの権利条約批准を受けて1997年に改正された児童福祉法改正の2点が子どもの聴かれる権利を保障している証として、子どもの権利条約批准後の状況を国連に報告する政府報告（外務省 2001; 2008）に掲載している。その1つが、入所措置時の報告書に子どもの意向に関して参考となる事項を記載しなければならないとする以下の条文である（児童福祉法26条2項）。

　　　前項第一号の規定による報告書には、子どもの住所、氏名、年齢、履歴、性行、健康状態及び家庭環境、同号に規定する措置についての当該子ども及びその保護者の<u>意向</u>その他子どもの福祉増

進に関し、参考となる事項を<u>記載</u>しなければならない。

（下線は筆者による——以下同じ）

　子どもの「意向」が法律に加わったことは初めてのこととして、当時は画期的なことであった[5]。しかし、児童福祉法26条2項は、入所措置に関して意向を報告書に「記載」しなければならないとしており、意見を「聴聞」すること自体については規定していない。このことに関して、児童福祉法26条2項が意見表明に対する理念規定に留まらず、当然、面接場面等を確保することが前提になっていると考えられると、新保（1998：46）は児童福祉法改正当初に解釈している。しかし、児童相談所等が面接場面を確保した上で記載することが求められているのか、あるいは任意に判断して記載可能なのかは、規定上は明確ではない。

　日本政府が国連に報告した子どもの聴かれる権利の規定のもう1点は、都道府県児童福祉審議会に関する部分である。1997年、児童相談所が施設入所等の措置をとるに当たって一定の場合には都道府県児童福祉審議会の意見を聴取することとし、児童相談所における措置決定の客観性を図ることとなった（児童福祉法27条6項）。この「一定の場合に」とは、子どももしくはその保護者の意向が児童相談所の措置と一致しないときなどのことである。この規定は、子どもの意見を聴取するという意味ではなく、客観性を担保するために児童福祉審議会の意見を聴取するということである。

　さらに、この規定は、「ただし、緊急を要する場合で、あらかじめ審議会の意見を聴くいとまがない場合はこの限りではない」（児童福祉法施行令32条）とされ、緊急性があると判断されれば審議自体も行われない。

　このように児童福祉法では、入所措置時に「意向」を「記載」することや、子どもや親の意向と児童相談所の判断が一致しないときに児童福祉審議会に諮問することが述べられている。国連子どもの権利条約批准以降、子どもの「意向」が明記されたことには意義があるが、先述した子どもの聴かれる権利の「5段階措置」の中の「聴聞」が規定されているとは明言できない状態である。さらに、他の4段階（準備、子どもの力

の評価、フィードバック、苦情解決手続き）については、規定されていないということが課題である。

2.2　児童相談所運営指針にみる子どもの「意向」

　児童養護施設入所児童は、児童相談所の措置過程を経て、児童養護施設に入所する。そしてその後も児童相談所と児童養護施設は連携して援助過程に関与している。

　児童相談所運営指針（厚生労働省 2007a）にはどのような場面で「意向」が記載されているかを調べてみると、①援助方針の策定や、②ケースの調査においても子どもの目視だけではなく意向も尊重すること、③社会診断・心理診断等の診断時や、④児童養護施設等の入所措置に関すること、⑤里親委託、⑥入所後の場面で見られた。

　では、子どもの「意向」とはここではどのような意味を指しているのだろうか。

　　「意思」が法的な意思形成能力に裏付けられた概念であるのに対し、「意向」は「意思とまでには至らない志向、気持ち」といった意味であり、全ての子ども等の意向を、その年齢、成熟度等に応じて考慮することを基本とするものである。
　　従って、子どもの援助の決定に当たっては、子どもや保護者等に対し児童相談所の援助方針等について個々の年齢や理解力等に配慮しながら十分な説明を行い、その意向を把握するよう努める。
　　　　　（厚生労働省 2007a: 第 3 章第 7 節 3（1）意向について）

　ここでの「意向」とは子どもの気持ちも意味しており、援助方針等については十分な説明を行い、子どもの「意向」を把握しようとしている。この定義の中では、「全ての子ども等の意向を、その年齢、成熟度等に応じて考慮することを基本とするものである」と「考慮」について言及している。ところが、実際の援助に関する規定を見ると、子どもの意向は常に「配慮」と組み合わせて用いられる。たとえば、児童相談所の業

務全般を遂行するために次のように規定されている。

> 子ども、保護者等に対する援助を行うに当たっては、その意向、意見を十分に聴くよう<u>配慮</u>する。
> 　　　　　　　（厚生労働省 2007a: 第1章第2節 5. 業務遂行上の配慮（2））

　このように、子どもの意向を「十分に」聴こうとする姿勢が述べられている点は評価されるべきである。ただ、子どもの意向、意見を十分聴くように「配慮」すると述べられている。聴かれる権利においては、子どもの声は「配慮」ではなく「考慮」されるべきものである。この問題については、後に詳述する。
　また、「意向」に留まらず、「参加」という記述が2ヵ所存在している。

> 援助指針の策定に際しては、児童相談所の方針を子ども及びその保護者並びに、必要に応じて祖父母等の親族に伝え、その意向を聴取するとともに、その策定過程においても、可能な限り子ども及びその保護者等（祖父母等の親族を含む）と協議を行うなど、これらの者の<u>参加</u>を得ることが望ましい。
> 　　　　　　　（厚生労働省 2007a: 第1章第2節 2（1）調査、診断、判定）

もう1ヵ所は次のような記載である。

> その後の援助により、子どもや家庭の有する問題等が軽減され、又は新たな方向に問題が展開する等、子どもや家庭の問題は変化する。この変化に対応するため、援助指針については、児童福祉施設等の意見も踏まえながら、一定の期間をおいて再検討を加えていく。その際、子ども及びその保護者の<u>意向</u>を聴取するなど、これらの者の<u>参加</u>を得て再検討を加えていくことが望ましい。
> 　　　　　　　（厚生労働省 2007a: 第1章第4節 4. 援助指針の実行及び再検討）

この「参加」が意向を聴取することなのか、協議の場に出席することによって考慮される度合いが高まることになるのかは不明である。そしてこの参加は「望ましい」という言葉とセットで用いられ、努力目標であることが窺える。

2.3 児童養護施設運営指針にみる子どもの「意向」

児童養護施設運営指針（厚生労働省 2012）全体では、子どもの「意向」は文中に 11 回述べられている。使用されている部分は、主に 4 場面である。第 1 に、個人の所有物への記名について（厚生労働省 2012: 13）、第 2 に退所時（厚生労働省 2012: 15）、第 3 に自立支援計画の見直し場面（厚生労働省 2012: 17）、第 4 に日常生活全般に関するもの（厚生労働省 2012: 19）である。この中で、子どもの「意向」について全体を網羅する項目である、日常生活全般に関する規定を引用する。

(2) 子どもの意向への配慮
①子どもの意向を把握する具体的な仕組みを整備し、その結果を踏まえて、養育・支援の内容の改善に向けた取組を行う。
 ・日常的な会話のなかで発せられる子どもの意向をくみ取り、また、子どもの意向調査、個別の聴取等を行い、改善課題の発見に努める。
 ・改善課題については、子どもの参画のもとで検討会議等を設置して、改善に向けて具体的に取り組む。
②職員と子どもが共生の意識を持ち、子どもの意向を尊重しながら生活全般について共に考え、生活改善に向けて積極的に取り組む。
 ・生活全般について日常的に話し合う機会を確保し、生活改善に向けての取組を行う。
 ・生活日課は子どもとの話し合いを通じて策定する。

（厚生労働省 2012: 19）

ここでは、子どもの意向を把握し、話し合いを通じて、改善に向けて具体的に取り組むことが示されている。

　児童養護施設運営指針は施設の質の担保を目的に、2012年に初めて示された指針である。社会的養護の仕組みを転換させた「社会的養護の課題と将来像」（厚生労働省 2011）において「社会的養護の現状では、施設等の運営の質の差が大きい」（厚生労働省 2011: 25）ことから、ケアの質を高めるために指針を策定することとなった。これまで存在しなかった、子どもの意向に関する項目が全国統一の運営指針に盛り込まれたことは極めて意義深い。

　ただ、子どもの権利条約の観点で厳密に検討すると、課題はある。たとえば、この条項のタイトルは「子どもの意向への配慮」に留まっている。子どもの権利条約は、子どもの意向を考慮する（being given due weight）のであって、配慮をするのではない。日本政府訳では「考慮」するとなっているが、英文から見ると、国際教育法研究会訳の「正当に重視する」の方が妥当な訳だと考えられる。

　聴かれる権利の「5段階措置」で示したとおり、4段階目では「（d）子どもの意見がどの程度重視されたかに関する情報（フィードバック）」が必要である。それゆえ、子どもの意向について「積極的」に取り組む姿勢が見られたことには意義があるが、「正当に重視する」姿勢が必要である。

　この部分がなぜ「配慮」になるのかは、同じ「権利擁護」内に規定された別の項目「（1）子ども尊重と最善の利益の考慮」が関係すると考えられる。こちらは最善の利益の「考慮」と明記されている。この規定の中では「子どもの意向に沿うことが結果として子どもの利益につながらないこともあることを踏まえ、適切に導く」（厚生労働省 2012: 18）と述べられている。すなわち、子どもの最善の利益を第一に考慮することによって、子どもの意向は、「配慮」に留まる。「権利擁護」の規定の並びとしても「最善の利益」が1番目に位置づけられており、子どもの意向は2番目となっている。

2.4 児童養護施設運営指針にみる子どもの「意見」

児童養護施設運営指針において、子どもの「意見」という規定は全体で8回数えられる。同指針では「意向」も「意見」も定義されていないために、その違いが不明瞭である。子どもの「意見」の使用箇所は、5場面である。

1. 行事などの企画・運営に子どもが主体的にかかわり、子どもの意見を反映させる（厚生労働省 2012: 13）
2. 「子どもが相談したり意見を述べたりしたい時」の相談機関の整備と周知について（相談方法、相談相手の整備、苦情解決の体制整備、苦情解決の周知）（厚生労働省 2012: 20）
3. 子ども等からの意見や苦情等に対する対応マニュアルを整備し、迅速に対応する（施設運営の改善に反映、子どもの希望に応えられない場合には、その理由を丁寧に説明する）（厚生労働省 2012: 20）
4. 事業計画の実施状況については、子ども等の意見を聞いて、評価を行う（厚生労働省 2012: 25）
5. 養育・支援の「標準的な実施方法の見直しは、職員や子ども等からの意見や提案、子どもの状況等に基づいて養育・支援の質の向上という観点から行う」（厚生労働省 2012: 26）

児童養護施設運営指針における子どもの「意向」と規定されている場合は、自立支援計画等の個別のケースの意思決定に関わる場面で使用されていた。しかし、「意見」と規定されている場合には、個別ではなく子ども会や事業計画に対する集団的な意見を述べる場合や子ども本人から自発的に意見を伝えたい場合を想定している。意見や苦情を述べた場合には、公式な手続きに則って、子どもの声は「反映」されることとされている。つまり、「意向」の「配慮」という規定よりも、踏み込んだ規定（「反映」）になっている。

このような場面による違いは正当化されるものであろうか。このことに関連して、子どもの聴かれる権利の一般的意見は、次のように述べる。

聴聞される権利は、子どもが開始した手続（不当な取扱いに対する苦情申立ておよび停退学への異議申立てなど）にも、他人が開始した手続であってその子どもに影響を与えるもの（親の別居または養子縁組など）にも適用される。締約国は、司法的または行政的手続で決定を行なう者に対し、子どもの意見がどの程度考慮されるのかおよび子どもにとってどのような結果が生じるのかを説明することを要求する、立法上の措置を導入するよう奨励されるところである。　　　　　　　　　　　　　　　　　　（CRC=2011b: para33）

　子どもから開始した手続きでも他人が開始した手続きであっても、子どもの聴かれる権利に基づかなければならない。子どもの声は「配慮」されるだけではなく、年齢と成熟度に相応して考慮されなければならない。そして子どもの声を聴くための「準備」や「フィードバック」についても記載されるべきである。

2.5　小括──法律・指針にみる子どもの聴かれる権利に関する規定
　表2-1で整理したように、児童福祉法では主として入所措置に関する場面で子どもの意向について「記載」するに留まる。児童相談所運営指針では「参加」について触れている部分もあるが、子どもの意向を「配慮」するに留まり、児童養護施設運営指針でも同様に意向を「配慮」するという記載になっている。その一方で、児童養護施設運営指針では、個別ではなく子ども会のような集団的な意見表明や、子どもが自ら意見や苦情を述べようと思っているときは、手続きに則って、子どもの声は「反映」されると述べられている。
　これらのことから見て、法律や運営指針は権利条約の子どもの聴かれる権利について十分に理解していると言えるのだろうか。子どもの声が配慮に留まるようでは、真に子どもの聴かれる権利を保障したとは言えないだろう。個別のケースでの子どもの声や、子どもが主体的に声を上げられない場合についても考慮される必要がある。

表 2-1 「意向」/「意見」の扱いの違い

法律・運営指針	記載内容	「意向」/「意見」の扱い
児童福祉法	入所措置に関する子どもの「意向」	「記載」
児童相談所運営指針 児童養護施設運営指針	子どもの個別的な「意向」（例：自立支援計画等）	「配慮」
児童養護施設運営指針	・子どもの集団的な「意見」（例：子ども会、事業計画等） ・子どもからの主体的な「意見」・「苦情」	「反映」

2.6 施設内の苦情解決と子どもの聴かれる権利

　施設内部の苦情解決に関するシステムとして、「子どもの権利ノート」の配布、意見箱の設置や苦情受付担当者、苦情解決責任者が配置されている。これらのシステムが聴かれる権利のどの段階に該当するのか、表2-2「施設内の苦情解決と子どもの聴かれる権利」に示した。

　「子どもの権利ノート」は、子どもにどのような権利があるのか、誰に相談することができるのかを伝える目的で作られている。すなわち、これは聴かれる権利のための5段階措置における「準備」にあたる。自治体ごとに記載内容は異なり、児童相談所の担当児童福祉司の名前が書いてあるものや無料で郵送できるハガキが添付されている自治体もある。

　「子どもの権利ノート」には施設外の相談機関について記載されているため、5段階措置の中の「苦情申し立て」にも該当する。しかし、苦情申し立ての情報を伝えているが、苦情申し立てそのものではないため、表2-2で示した（e）苦情申し立て部分は△と記載した。

　全国の「権利ノート」についてテキスト分析を行った長瀬によれば、施設生活で保障される権利を伝えているものの、権利侵害の定義に偏りがあり、権利侵害を自覚化するには十分なものではなかったと結論づけている（長瀬 2011: 124）。また、「権利ノート」が1995年に全国に先駆けて導入された大阪府内の入所児童を対象としたアンケートも行った長瀬は、子どもは相談機関をほとんど認知しておらず、相談動機も非常に

表 2-2　施設内の苦情解決と子どもの聴かれる権利

聴かれる権利 苦情 解決のツール	(a) 準備	(b) 聴聞	(c) 子どもの 力の評価	(d) フィード バック	(e) 苦情申し立 て
権利ノート	○				△
意見箱		○			○
苦情受付担当者		○			○
苦情解決責任者				○	○

低いものだったとして、実効性のないものであったと述べている（長瀬 2011: 124）。すなわち「権利ノート」は、実際に機能しているのか疑問が持たれるところである。

　第2に、意見箱（または苦情箱）についてである。意見箱は、施設内で子どもが自由に意見や苦情等を投書することができるものである。その意見箱の投書を確認して調整する仕組みがある（大竹 2013: 59）。意見箱は、聴かれる権利の5段階措置の中で、「聴聞」を担っている。

　大竹によれば、意見箱が置かれている施設も見受けられるが、子どもたちからの投書がないと聞くことが多く、子どもたちが活用しやすいような環境を整えていく必要があると述べる（大竹 2013: 58）。

　第3に、苦情受付担当者についてである。苦情受付担当者は、意見箱を含めた苦情の受付や利用者からの意向の確認と記録、苦情解決責任者（施設長、理事長等）及び第三者委員への報告を行うことが業務である（厚生省 2000a）。苦情受付担当者は、聴かれる権利の5段階措置の中で、「聴聞」を担っている。

　苦情解決責任者は、「苦情申出人に改善を約束した事項について、苦情申出人及び第三者委員に対して、一定期間後、報告する」者である（厚生省 2000a）。このことから、施設内の「改善を約束した事項について」は聴かれる権利の5段階措置である「フィードバック」を得られることとなる。

　そして、意見箱・苦情受付担当者・苦情解決責任者は苦情申し立ての機関であるため、表の「苦情申し立て」に該当する。

このように、苦情解決が聴かれる権利のプロセスに沿って行われているわけではなく、断片的に聴かれる権利のプロセスに該当する部分がある。断片的であったとしても、子どもの声を聴こうとするこのような取り組みは評価されるべきであるが、聴聞の後にどのような手続きになっているのかが不明であること、フィードバックが「改善を約束した事項について」のみ行われていることには疑問が生じる。子どもが安心して意見や苦情を申し立てられる仕組みなのか、今後子どもから意見を聴く必要がある。

3　「エンパワメントの原則」に関する規定

　次に、③のエンパワメントに関する記載の有無を、児童福祉法、児童相談所運営指針、児童養護施設運営指針に関して検討した。その結果、エンパワメントという言葉自体の記載はなかったが、子どもの主体性に着目した文言が児童養護施設運営指針に掲載されていた。同指針の「養育・支援の基本」の一節に次のことが述べられている。

　　③子どもの力を信じて見守るという姿勢を大切にし、子どもが自ら判断し行動することを保障する。
　　・過干渉にならず、つまずきや失敗の体験を大切にし、子どもが主体的に解決していくプロセスを通して、自己肯定感を形成し、自己を向上発展させられるよう養育・支援する。

（厚生労働省 2012: 10）

　子どもの主体性への着目は、セルフアドボカシーに依拠した当事者のエンパワメントに必要な要素ではある。しかし、これまで述べてきたエンパワメントの原則は、子どもの能力やおとなとの力関係、社会的養護であることによって、子どもが話せない環境になっていることを認識し、本人の誇りや力を取り戻すことが目的である。この運営指針の一節は、

本人自身の発達成長に着目しているのみで、社会的抑圧の認識が不足している。本章で定義するエンパワメントの視点をもっているとは言えないだろう。

4 「独立した第三者」「子ども主導の原則」に関する規定

4.1 児童養護施設外の機関の規定内容

まず、児童養護施設入所児童が関係する、あるいは相談できる施設外の機関は、子ども主導の立場に立つと考えられるのか、その立場性について、各機関の法律やガイドラインから検討した。検討対象は、第三者委員、運営適正化委員会、児童福祉審議会という全国的に設置されている機関と共に、一部の地域（神奈川県、東京都、湘南[7]）で行われている相談機関や市民のオンブズパーソンも検討する。表2-3・表2-4に、権利擁護機関の立場性について整理した。

4.2 規定内容の考察

表2-3・表2-4で示したように、各機関の立場性を見ていくと、「客観性」「中立性」「公正」「公正中立」という言葉が並んでいる。表2-4で示した「湘南ふくしネットワークオンブズマン」だけが、「児童・本人の立場にたつ」と明記している。湘南ふくしネットワークオンブズマンは、理念にはこのように述べているが、創立の1997年以来、高齢者や障害者といったおとなの施設が対象であり、子どもの施設へのオンブズマン派遣はこれまで行われていない（湘南ふくしネットワークオンブズマン 掲載年不明）。

また、第三者委員のことを、大竹のようにアドボケーター（代弁者）と呼ぶ者もいる（大竹 2013: 60）。しかし、第三者委員は表2-3で規定されているように「社会性や客観性」を確保し、利用者の立場に「配慮」しながらも「第三者委員は、経営者の責任において選任する」（厚生省 2000a）立場である。すなわち、客観的な「第三者」を求められている

表 2-3　施設外の権利擁護機関の立場性の整理（全国）

機関名	立場性
第三者委員	「苦情解決に社会性や客観性を確保し、利用者の立場や特性に配慮した適切な対応を推進するため、第三者委員を設置する」「第三者委員は、経営者の責任において選任する」（厚生省 2000a）
運営適正化委員会	「委員候補者の選考に当たっての留意点　ア 広く関係団体や行政機関の意見等を参考にし、特定団体の意見のみを重んじることのないようにすること。イ 公正な判断が可能であり、福祉サービスの利用者及び福祉サービス提供者の信頼を得ることができる者を選考すること」（厚生省 2000b）
児童福祉審議会	「この手続は、児童相談所における援助決定の客観性の確保と専門性の向上を図るために、平成9年の児童福祉法改正により新たに規定されたものである」（厚生労働省 2007b）

表 2-4　施設外の権利擁護機関の立場性の整理（一部の地域）

かながわ子ども人権相談室	「子ども人権審査委員会は、人権相談事業の企画、関係機関との調整等の中核的機能を担うものとする。(2) 子ども人権審査委員会は、子どもの人権に関し、調査、審議し、児童福祉関係機関等に対し、助言、指導等を行うことにより、中立的な立場から子どもの最善の利益等の確保を図るものとする〔略〕」（かながわ子ども人権相談室事業基本方針 第5条、高橋編 2000: 187）
子供の権利擁護専門相談事業	「「子供の権利擁護電話相談員」や「子供の権利擁護専門員」が、公正中立な第三者的立場として、子供自身からの訴えを受け止めるほか、家族や近隣の方などからのご相談にも対応します」（子供の権利擁護専門相談事業 掲載年不明）
湘南ふくしネットワークオンブズマン	「障害者・高齢者・児童・本人の立場にたつ家族・施設職員・施設関係者からの声を受け止め代弁していくこと」（湘南ふくしネットワークオンブズマン 掲載年不明）

にもかかわらず、施設経営者が選任するのである。これは、つまりは施設経営者が施設法人の関係者や、親しい間柄の人を選任できるということである。よって、この選任方法は施設経営者寄りの人物が選任されることを否定したものではなく、「独立性」に欠ける。これでは子どもの立場だけに立つことはもとより、子ども主導を徹底することは困難である。このように、施設外の権利擁護機関においても、子ども主導を明記している機関は見当たらなかった。

　日本においては、子ども主導で、独立した第三者の「アドボケイト」のような存在がないため、湘南ふくしネットワークオンブズマンのような施設訪問型のNPO法人が子ども分野にも参入するか、第三者委員のような既存の制度を改善することで権利代弁機能が有効に働くことも考えられる。すなわち、第三者委員が子どもの立場だけに立ち、子ども主導を行うことができれば「権利代弁機能」も果たされる可能性はある。そのためにはまず、施設経営者が第三者委員を選任する制度そのものの見直しが必要である。

5　結論
―― 日本における子どもの権利代弁機能の問題点と可能性

　本章では、子どもの権利代弁機能とは、「①独立した第三者が、②子ども主導の原則、③エンパワメントの原則に立って、④子どもの聴かれる権利の行使を支えることである」と再定義した。このうち、③④のみに該当し、①②を欠く場合を広義の「子どもの権利代弁機能」とすると定義した。この定義に基づいて、児童養護施設入所児童に関係する法令を検討した。

　まず、④については、児童福祉法や児童相談所及び児童養護施設運営指針に子どもの「意向」や「意見」が多数盛り込まれている。ただ、この「意向」や「意見」にどう反応するかが、3種類に分かれていることがこの研究で明らかになった。児童福祉法では入所措置に子どもの意向を「記載」するのみである。それ以外の運営指針では、個別のケースで

子どもがおとなから「意向」を聴取される場面では、「配慮」となっており、子どもが集団的に（子ども会等）あるいは子どもが自ら自発的に「意見」を述べる場合には「反映」するとなっている。どちらも聴かれる権利の対象であるにもかかわらず、差が生じている。つまり、個々人への対応、あるいは子どもが自ら声を上げられない場合への対応が希薄であった。

　子どもの聴かれる権利の実現には「5段階措置」が規定され、準備、聴聞、力の評価、フィードバック、苦情申し立てというプロセスが必要である。このようなプロセスが、子どもの主体的な意見（苦情も含む）に対しては「反映」と規定され、「配慮」と比べ積極的に採り入れようとする姿勢がある。

　苦情解決の仕組みについては、聴かれる権利のプロセスが順を追って実施されているわけではなく、断片的に聴かれる権利のプロセスに該当する部分がある。断片的であったとしても、子どもの声を聴こうとするこのような取り組みは評価されるべきであるが、聴聞の後にどのような手続きになっているのか不明であること、フィードバックが「改善を約束した事項について」のみ行われていることには疑問が生じる。子どもの聴かれる権利を支える以前の問題として、その聴かれる権利についての理解が不十分であることが示唆された。

　③エンパワメントに関する規定については、児童養護施設入所児童が聴かれる権利を行使しにくい立場に置かれていることを認識している規定は見当たらなかった。子どもの主体性を支援しようとする規定は存在したが、目的は子どもの成長発達であり、ケアを受けているという抑圧、子どもとおとなという権力関係を認識し、本来の力を取り戻すというエンパワメントの視点で規定されているとは言えない。

　①②については、入所児童が相談できる施設外の機関が制度上、子ども主導の立場に立とうとしているのかを検討した。その結果、市民のオンブズマンである湘南ふくしネットワークオンブズマン以外は、「客観的」「中立」「公正」の立場性を示していた。ただ、湘南ふくしネットワークオンブズマンは「児童」も規定上は含んでいるが、子ども分野に

は実際は参入していない。よって、現在では子どもの立場に立つ外部の権利擁護機関があるとは言い難い状況である。

　総合して考えると、法律や運営指針は子どもの聴かれる権利についての理解が不十分であり、さらに子どもの立場だけに立つ外部機関も制度上は見当たらなかった。今後、湘南ふくしネットワークオンブズマンのような市民のオンブズマンが子ども分野に参入することや、第三者委員が施設経営者から任命を受けるのではなく、子どもの立場にのみ立ち、子どもの権利代弁機能について研修を受けることで、この機能が果たされる可能性を示唆した。

　この結果及びイングランド・ウェールズのアドボカシーサービスの意義と課題を踏まえて、最終章において、日本における権利代弁機能の制度化について提言を行う。

注

1) 許斐は子どもの権利条約12条を意見表明権と述べているが、本研究では序章の概念規定で述べたように12条を「聴かれる権利」と呼び、新たに定義している。
2) 一般的意見とは、「締約国の選挙によって選ばれた委員で構成される条約機関が、多数の締約国報告書を審査してきた経験にもとづいて採択した正式な文書であり、国際人権法の発展の重要な要素を構成するものである。そこに示された見解は、厳密な意味での法的拘束力こそ有しないものの、条約の規定に関するひとつの権威ある解釈として、締約国の政府や裁判所等によって正当に尊重されなければならない」というものである（平野2007）。
3) ちなみに、他の3つの一般原則は、差別の禁止に対する権利、生命及び発達に対する権利、ならびに、子どもの最善の利益の第一義的考慮である。
4) 許斐は在外研究を経て、このカナダの「アドボキット」について概要を紹介している。しかし、詳しい制度・運用については残念ながら述べられ

ことなく、2001年に他界した。

　カナダの子ども家庭サービスアドボカシー事務所は「子どもからの相談や苦情、不服申し立てなどを受け、子どものために関係調整や代弁をする公的機関である。子どもの側に立つという点がポイントである」(許斐 1999: 8)。また、カナダには「子どもの弁護士」という裁判所がつけることのできる子どもの弁護士と、それ以外の場合に相談できる「子ども青年法律扶助事務所」(Justice for Children and Youth) の弁護士がいる (許斐 2001: 224)。

5) 第1回政府報告 (外務省 1996) にはこれらの記載が見られなかったため、子どもの「意向」にとって大きな一歩となった。
6) 苦情受付担当者には子どもから頼りにされている人を活用することや、男女の職員を配置するなどの工夫が必要である (大竹 2013: 58)。
7) 湘南ふくしネットワークオンブズマンは月に1回、市民のオンブズマンが施設に出向き、利用者の声を聴き、施設と「協働して」問題解決を行うNPO法人である。

第**3**章

イングランド・ウェールズの子ども参加政策とアドボカシーサービス

はじめに

　第2章では、日本の制度上の課題を述べたが、具体的にどのような制度や運用が必要かについては述べていない。この点で、権利代弁機能に特化したイングランド・ウェールズで制度化されている独立子どもアドボカシーサービスが参考になる。日本への示唆を検討するにあたって、まず、アドボカシーサービスの政策の前提となる子ども参加とアドボカシーサービスの歴史及び政策について述べる。

1　児童福祉施策の発展と子ども参加の歴史

　子どもの参加、特にソーシャルワークにおける子どもの参加は社会的養護児童による当事者運動の影響、虐待事件の調査及び子どもの権利条約批准、そして近年の労働党政権の施策によって発展してきた。
　社会的養護当事者団体の活動は、スタイン（Stein=2014: 13）によれば、1973年にリーズ市（Leeds）で始まったアド・リバース（Ad-Libers）から始まっている。同市の児童ホームで暮らす若者数名が日常生活の体験を語り合い、自分たちの暮らしを改善する機運を高めた。その後、

全国的な運動になったのは、全国「養護児童の声」会議（Who Care? Meeting）が契機である（津崎 2013: 120）。ここでは「養護児童権利憲章」（the Charter of Rights of Young People in Care）及び「私たちが変革したいこと」（What We Want to Change）を掲げている。津崎（2013: 120）によれば、世界的にもこの種の試みの第1号となった子ども自身によるサービス評価である。そして、1979年にイングランドで当事者団体の「全国社会的養護児童協会」（National Association of Young People in Care）が結成され、「養護児童の声」が統合された（津崎 2013: 120）。この組織は、社会的養護の若者のピアアドボカシーを通して、施設の不十分なケアの実態を社会へ提起していった（Boylan and Dalrymple 2009: 19）。ウェールズでも、1990年に「全国社会的養護児童協会・ウェールズ支部」（NAYPIC Cymru）というイングランドの当事者団体の理念をもつ団体が結成された。この団体は施設内虐待の問題に取り組み、システムアドボカシーを行ってきた。1993年にボイス・フロム・ケア（Voices from Care）へと改名し、個別のアドボカシー、支援者へのトレーニング、調査を実施している。

　イングランドの全国社会的養護児童協会は1995年に一旦はなくなってしまったが、国の支援で1998年に「ナショナルボイス」（A National Voice）へと改称し復活を遂げた。2006年に行政とは独立した機関となり、より強力なシステムアドボカシー活動を展開している。

　加えて、障害児自身のシステムアドボカシーを支援している障害児協議会（Council for Disabled Children）もある。障害児自身の会議やロビー活動を進め、実際に制度の改善に成功している。このように当事者である子どもも含めた市民団体が、アドボカシーを先導してきた歴史がある。

　第2に、虐待死事件の影響である。1973年に起きたマリア・コルウェル虐待死事件[1]では、ソーシャルワーカーが子どもよりも親に同情と関心を向けていったことが問題となった。また1987年に起きたクリーブランド事件では、子どもに何が起きたのかを質問せずに、身体的な症状と心理分析のみで性的虐待を判断し、説明もなく次々と家庭から引き離したことが問題になった（Butler-Sloss 1988）。その後も、数々の虐待事件

は子どもの関与及び参加を進める原動力になってきた。このような事件の反省は、法律制定やアドボカシー団体の設立につながっていった。

1975年児童法（59条：ケースにおける地方自治体の一般義務）では、子どもに関するいかなる決定においても、①子の福祉を保護し促進することを最優先し、②子どもの年齢と理解の程度に配慮して、できる限り子どもの希望と感情を確かめ、それを正当に考慮することを、地方自治体の義務とする条文が挿入された（三田地 1977）。その頃（70年代）に、独立したアドボカシーを行うチャリティー組織の活動が始まった。

第3の影響は、1991年の国連子どもの権利条約批准と政権交代である。これは市民運動及び政策の根拠になった。しかし、子どもの参加が政策の中心に位置するようになったのは、1997年に労働党へと政権交代してからのことである。「福祉切り捨て」を行ってきたサッチャー保守党政権に代わって、労働党は子どもの教育及び福祉政策の大改革を行った。1998年には、クオリティ・プロテクツ（Quality Protects）という、社会的養護児童が不利な社会的状況に置かれていることを変革することを目指した事業が5年間行われた。子どもがケアの意思決定過程に関与することはこの事業目標の1つとなった。

これまで子どもの参加、特にソーシャルワークにおける子どもの参加について3つの影響を述べてきた。津崎（2013: 131）によれば、先に述べた社会的養護児童による運動の影響が子どもの意見表明を施策・実務に反映させる基盤になっているという。津崎は、当事者の意見表明を施策実務に反映させる方策として、3つの方向性を挙げている。

> すなわち、①当事者が意見表明――児童・家族が声を発――する方向、②社会福祉部が社会的養護当事者の意見表明を促進する方途を開発・制度化する方向、③外部の児童人権擁護組織が当事者を支援する方向である。
> （津崎 2013: 131）

①②については、津崎の研究が詳しい。本研究では、③の外部のアドボカシー団体が当事者を支援する方向性について述べている。

イングランド及びウェールズにおいて外部における子どものアドボカシーを先導し、現在も重要な役割を担っているのは、チャリティー組織と当事者団体という市民の活動である。チャリティー組織（charity organisations）として、代表的なのはボイス(2)（Voice）と全国青年アドボカシーサービス(3)（National Youth Advocacy Service: NYAS）である。

　先に述べた1998年開始のクオリティ・プロテクツ・プロジェクトによって、多くのアドボカシーの市民団体が創設された（Oliver 2008: 29）。クオリティ・プロテクツは、ケアに関する意思決定過程に子どもが十分に関与することを目指した。そのため、アドボカシーサービスに対して政府は資金を確保し、発展してきている。

2　近年の子ども参加に関わる政策

2.1　法律・条約

　前述のように国連子どもの権利条約は子ども参加の原動力となった。この条約の特徴は虐待や搾取などからの保護と教育など付与の権利に留まらず、表現の自由や結社の自由、聴かれる権利など能動的権利を規定したことである。

　とりわけ「聴かれる権利」を定めた12条が子ども参加を推し進めてきた。この12条は1998年人権法（Human Right Act 1998）制定によってさらに意義を増した。人権法付則10条は「すべての者は表現の自由の権利をもつ。この権利は、意見をもち、かつ、公的機関による干渉を受けずに、また国境と無関係に、情報および考えを受理し、発信する自由を含む」（1項）を盛り込んだ「表現の自由」を保障している（UK Parliament=2010: 40-41）。

　また、1989年児童法に「年齢と理解を熟慮の上、合理的で実効可能である限り子どもと親、関係者の願いと気持ちを確かめること」が明記された。これは1975年児童法よりも幅広い場面で適用された。すなわち、1989年児童法では、「裁判」（1条（3）(a)）、「社会的養護児童　一

般的義務」（22条（4），（5））、「ボランティア組織の義務」（61条（2），（3））、「児童ホーム[4]（Children's homes）における子どもの福祉」（64条（2），（3））などに適用されたのである。たとえば、「社会的養護児童　一般的義務」（22条）では「（4）社会的養護児童のどのような決定の前にも、または支援を受ける前にも、地方自治体は合理的で実行可能である限り以下の人たちの願いと気持ちを確かめる」とされ、願いと気持ちを確かめるべき人の最初に「（a）子ども」が書かれている。さらに2004年児童法には「子どもの希望を確認する」（ascertaining children's wishes）という条文（53条）が1989年児童法に新たに挿入され、子どものサービス提供や住居の提供、調査において子どもの気持ちを確かめることが付加された。[5]

2.2　政策・ガイドライン

このような条約及び法律の制定を根拠に、近年多くの政策や実践の指針となるガイドラインに子どもの参加が盛り込まれている。

2007年に英国政府が「英国を子どもの成長にとって世界一の国にする」という目標の下に作成した『子どもプラン』もその1つである。これは子ども、家族、支援者たちへ聴き取り調査を行い、2020年までの目標を定めた具体的な計画である。5つの原則の1つに「児童・若者に向けたサービスは、専門家だけが集まって計画するのではなく、子ども・若者・その家族の意見に応える形（子どもの参画の下）でつくっていかなければならない」という原則がある[6]（DCSF 2007）。この他にも子ども政策立案からサービス実施過程、サービスの評価まで幅広く、子どもの参加を促進している。子ども参加が盛り込まれている近年の政策や規則を表3-1で示した。

表3-1 子どもの参加を盛り込んだ近年の政策

①子ども政策立案・評価への参加	・2010年子どもトラスト評議会（児童若者計画）（イングランド）規則[7]
②サービス実施過程への参加	・『ワーキング・トゥギャザー——子どもの福祉を保護し促進する機関への手引き[8]』（DCSF 2010b）
	・『児童若者と妊産婦の国のサービス枠組み[9]』（DfES and DoH 2004）
	・『社会的養護は大切——社会的養護を受けている子どものために　今、変わるとき[10]』（DCSF 2008）
	・ケア計画、措置、ケア評価規則[11]（2010）
①②両方含む	・『すべての子どもは大切——子どものための変化[12]』（DfES 2004b）
	・『子どもプラン——より輝かしい未来のために[13]』（DCSF 2007）
	・『若者の自己実現にむけて——10年戦略[14]』（HM Treasury and DCSF 2007）

3　アドボカシーサービスに関する政策

3.1　社会的養護児童・ニーズのある子ども・ケアリーバー

　ここでは近年のアドボカシーサービスの政策について説明する。アドボカシーサービスとは、主として行政から独立した団体が子どもの意見表明を支えるために助言、代弁などのサポートを行うサービスである。地方自治体によって対象者やサービス内容が若干異なっている。

　イングランドのアドボカシーサービスは、(1)「社会的養護児童・ニーズがある・ケアリーバーである」、(2)「公的医療を利用している」、(3)「精神保健上の問題をもつ」子どもが対象である。ウェールズの場合は、(1)〜(3)に限らずすべての子どもを対象にしている。

　子ども参加を推進してきたクオリティ・プロテクツは2004月3月まで行われ、アドボカシーサービスの数を増加させた。クオリティ・プ

表 3-2　アドボカシーサービスの法律・規則

種別	名　称
法律	1989 年児童法改正 26 条 A（2002 年養子縁組・児童法改正）
基準	子どもアドボカシーサービスの提供のための全国基準（DoH 2002c; WAG 2003b）
規則	・アドボカシーサービスと意見表明手続き（子ども）（修正）規則 2004 年[15] ・アドボカシーサービスと意見表明手続き（子ども）（ウェールズ）規則 2004 年[16]
手引き	『整理しよう——1989 年児童法の下で苦情申し立てを行う児童若者への効果的アドボカシー提供のための手引き[17]』（DfES 2004a[18]; WAG 2004b[19]）

ロテクツ終了後も、引き続きアドボカシー施策を継続していくため、表3-2に示すような法律や規則等が整えられ、2004年4月からこれらに基づいてアドボカシーサービスが提供されている。

まず、2002年に養子縁組・児童法が改正され、119条が新たに挿入された。この119条の内容が1989年児童法にも挿入され、「26条A　アドボカシーサービス」（26A Advocacy services）となった。これがアドボカシーサービスの法的根拠である。26条Aには以下のように規定されている。

　26条A　アドボカシーサービス
　(1) すべての地方自治体は、以下の者に対して支援が提供されるように手配する。
　　(a) 24条D項[20]に基づいて意見表明をしている、またはする意向のある者。
　　(b) 26条[21]に基づいて意見表明をしている、またはする意向のある児童。
　(2) この手配に基づいて提供される支援は、代弁による支援を含む。

(3) 手配の際には、
　(a) 関係省庁の規則によって禁止されている者が、支援を提供することがないようにしなければならない。
　(b) この手配に関する規則の規定するところに従う。
(4) 第3項の目的のために制定された規則に従っていることを地方自治体が確認するように求めるために、関係省庁は規則をつくることができる。
(5) すべての地方自治体は、本条に基づく支援提供の手配に関して、適切な出版物を発行しなければならない。

　この条文の(2)で言う「代弁」には、支援者(アドボケイトを含む)が代理として会議に出席したり、代弁することも含んでいる。また(3)(b)で示された規則が「アドボカシーサービスと意見表明手続き(子ども)(修正)規則2004」である。この規則の4条には以下のように規定されている。

　4条　苦情申立者等に提供すべき情報
(1) 苦情申立者から意見表明を地方自治体が受けたときには、次の措置をとらなければならない。
　(a) アドボカシーサービスに関する情報を申立者に提供する。
　(b) アドボカシーサービス利用のための援助を提案する。
(2) 24条Dまたは26条(3)[22]にもとづく意見表明の意向を子どもが示していることを地方自治体が認知したときには、次の措置をとらなければならない。
　(a) アドボカシーサービスに関する情報を申立者に提供する。
　(b) アドボカシーサービス利用のための援助を提案する。

　この規則はアドボカシーサービス提供者への手引き『整理しよう——1989年児童法の下で苦情申し立てを行う児童若者への効果的アドボカシー提供のための手引き』(DfES 2004a)に沿って2004年4月から運用

されている。この手引きでは次のように述べられている。

　この手続きは、苦情を申し立てる、または申し立てようとする子どものためのものではあるが、苦情ではない意見表明をも含んでいる。たとえば、子どもが受けているサービスや住んでいる機関を変えるために意見表明を行う際に、アドボケイトの支援を受けられるようにするべきである。　　　　　　　　　（DfES 2004a: 8）

このように法律上では苦情申し立てを含む意見表明の際に利用できるサービスである。虐待対応、児童ホーム、里親制度、苦情解決制度、支援を再検討する会議などでアドボカシーサービスが利用されている（表3-3を参照）。

3.2　公的医療・精神保健に関わるアドボカシーサービス

　イングランド及びウェールズは国民保健サービス（National Health Service）という公的医療がある。この国民保健サービスへの苦情申し立てを希望する場合、子どもを含むすべての利用者に対する独立アドボカシーサービスが、2001年保健とソーシャルケア法（Health and Social Care Act 2001）12条、ウェールズでは国民保健サービス法（National Health Service (Wales) Act 2006）187条に規定されている。イングランドでは独立苦情アドボカシーサービス（Independent Complaints Advocacy Service）、ウェールズでは地域保健協議会（Community Health Councils）がアドボカシーサービスを実施している。

　また精神保健法が2007年に改正（Mental Health Act 2007）され、アドボカシーを行う独立精神保健アドボケイト（Independent Mental Health Advocate）が130条に規定された。このアドボケイトを利用するには、精神科病院で拘束されていることなどの条件下にいる子どもが対象となる（WAG et al. 2009a: 69）。

表3-3 アドボカシーサービスの位置づけ

種別	手引き	記載内容
子ども虐待対応	ワーキング・トゥギャザー（DCSF 2010b: 285）	独立アドボケイトは、独立性と守秘を持った情報、助言、代理、支持を提供する。そして児童保護会議や裁判手続きのような公的な場において子どもたちが自分の意見を伝えられるようにするために、適切な情報と支援を保障するにあたって、不可欠な役割を果たす。
児童ホーム	児童ホーム：国の最低基準——児童ホーム規則[24]（基準16.2）（DoH 2002a: 23）	子ども、適切な場合は家族、重要な他者、独立訪問員は、アドボケイトへのアクセス方法を含めて苦情解決制度に関する情報提供を受ける。必要な場合には、（申立者の希望する言語で書いたり話したりできるような）適切な技術を持つアドボケイトへのアクセス方法に関する情報を提供する。
里親制度	里親制度：国の最低基準——里親制度規則[25]（基準1.5）（DoH 2002b: 6）[26]	（里親と暮らす）子ども用の手引きには、どのように独立アドボケイトにアクセスできるか、どのように苦情を申し立てるかについて情報が記載されている。
福祉サービスへの苦情解決制度	苦情から最善を得るために（DfES 2006: 10）	地方自治体が苦情を扱う際は、子どもに親しみやすく年齢と理解度に適切であるべきである。子どもの懸念は聴かれるべきである。もし子どもが苦情解決制度を利用したいと思っているなら、子どもにアドボカシーサービスについて情報を提供すること及びアドボケイトを得られるようにするための支援を行うことが地方自治体に求められる。
独立ケース再検討主事[27]（IRO）	IROハンドブック（DCSF 2010a: 15）	アドボケイトが提供する支援について、また自分にはアドボケイトを依頼する権利があるということについて子どもが理解しているかどうかを、すべてのケアの再検討の前に実際に会って確認することが独立ケース再検討主事の責務である。

4 ウェールズのアドボカシーサービス

ウェールズは、イングランドと異なり、アドボカシーサービスの利用対象者をすべての子どもとしている。これは子どもに関するサービス全般の質を確保するための枠組み『子ども、若者、妊産婦サービスのための国のサービス枠組み』[28] (WAG 2004a) によって規定された。この枠組みはイングランドにもある。しかし、ウェールズはこの枠組みに独立アドボカシー (Independent Advocacy) を盛り込み、すべての子ども・若者が自由に利用できることが規定された (WAG 2004a: 22)。

もう一点異なるのは、特別教育ニーズをもつ子どもへのアドボカシーについて明記している点である。ウェールズでは、2009年に制定された教育基準 (Education (Wales) Measure) 6条及び13条に「独立アドボカシーサービス」として、特別教育ニーズ裁判所の決定に対して控訴するため、アドボケイトにアクセスする権利が明記されている。

ウェールズはこれまでの反省を踏まえて、2009年にアドボカシー提供の新モデル『子ども若者アドボカシーサービス提供モデルのための手引き』(WAG 2009) を発行した。新しいモデルは、①アクセスしやすいアドボカシー、②専門的アドボカシーサービス、③アドボカシーの質、④子ども参加、⑤アドボカシーサービスの評価という5つの要素で構成されている。

これらを実現するために、まず全国独立アドボカシー委員会 (The National Independent Advocacy Board) が設立された。ウェールズ全体の子どもアドボカシーサービスに関する討議を独立して行い、大臣に直接提案する諮問機関である。おとな有識者4名、子ども4名と司会者1名で構成されている。子どもは14歳から19歳の若者である。これは「5つの要素」のうち、「④子ども参加」及び「⑤アドボカシーの評価」に関連している取り組みである。

要素①のアクセスしやすいアドボカシーになるよう、2010年5月から始まったのはマイク (MEIC) である。これは電話、携帯メール、簡

易メッセージでの相談を無料で受け付けている。出資はウェールズ議会政府で、アドボカシー提供を行っている5つの市民団体（全国青年アドボカシーサービス（NYAS）、トロスガナル（Tros Gynnal）、ボイス・フロム・ケア（Voices from Care）、ウェールズの子ども（Children in Wales）、プロモウェールズ（Pro-mo Cymru））が共同で実施している。相談の内容によって助言を行ったり他団体へつなげたりする。これまでも無料の相談は数多く設置されてきたが、マイクの特徴は、アドボカシーが必要な場合には独立アドボケイトの支援につなげられる点である。開始後、半年で3000人の子どもたちがアクセスしている（WAG 2010a）。課題となってきたアドボカシーサービスへのアクセスを改善するツールとなるのではないかと期待されている。

　また、「②専門的アドボカシーサービス」の確立と「③アドボカシーサービスの質」を向上させるために、ウェールズでは「アドボカシー資格」を推奨しサポートしている。これは、子どもアドボカシーの十分な能力、技術、経験をもったアドボケイトを確保するために創設された。現在のところアドボケイトは資格がなくてもできる仕事だが、より質を向上するために推奨されている（この資格や養成方法の詳細については第7章を参照）。

5　アドボカシーサービスの関連職種

　アドボカシーサービスに関連あるいは類似した職種もある。第1に英国の4つの国に子どもコミッショナーが置かれている（堀 2011a; 2011b）。イングランド子どもコミッショナーは、子どもの声を聴き、それを政策に反映させるため、2004年児童法を根拠に設置された。イングランド子どもコミッショナーとは、「子どもと大人社会のパイプ役」であり、「実際に子どもたちの声を聴き、子どもの考えや興味を把握し、その考えを政府に伝える。また子ども政策の改善につなげる、利用できるサービスや、政府の考えなどを子どもたち（とくに社会的に不利な立場に立た

された子どもたち）に伝える」（奥田編 2009: 131）という役割を担っている。

「独立訪問員」（Independent Visitor）という活動もある。これは1989年児童法に基づき、親・親責任者の訪問がほとんどない子ども、あるいは過去12ヵ月の間に親・親責任者と接触がない者に独立訪問員を割り当てる義務を地方自治体に課している（津崎 1999a: 60）。独立訪問員はボランティアである。施設などを定期的に訪問し、外出して映画館に行くなどの交流を行う。アドボケイトのように会議等でアドボカシーを行うのではなく、友達または味方になること（befriending）が主目的である。

また、「子どもの権利擁護主事」（Children's Rights Officers）は主に社会的養護児童の参加活動を目的とした事業を行っている。この事業は、1987年にレスタシャーという地方自治体が自治体主導で設置したのが始まりである（津崎 1999a: 60）。近年、子どもの権利擁護主事が中心となって子ども権利サービス（Children's Rights Services）を立ち上げている自治体もある。この子どもの権利サービスは公的な会議や苦情解決制度の援助、相談事業も行っている。そのため、子どもの権利擁護主事はアドボカシーサービスの仕事と重なってきていると言われている（DfES 2004a: 19）。このようにアドボカシーサービスの他にも類似の事業があり、政府ですら誤解することがあるという（Boylan and Dalrymple 2009）。

これまで述べてきた子ども参加及びアドボカシーの政策は、近年めまぐるしく発展してきた。近年の政策を見れば、子どもの参加が含まれていない文書を探す方が難しいほどである。子どもの参加、特にソーシャルワークにおける子どもの参加は、社会的養護児童による当事者運動の影響、虐待事件の調査及び子どもの権利条約批准、そして政権交代の勢いによって促進されてきたのである。

注

1) マリア・コルウェル事件とは、地方自治体の保護下で里親委託されていた7歳の少女マリアが、実母の再婚を機に家庭に戻された後、継父によるネグレクトと身体的虐待によって死亡させられた事件である。この事件には、多くの関係機関（ソーシャルワーカー、教師、教育福祉官、医師、住宅局職員、警察等）が関わっていたにもかかわらずこのような事態となったため、子ども虐待対応の制度全体に大きな反省を迫るものであった。この事件はマスメディアでも大きく取り上げられ、子ども虐待が社会問題として認知されるようになり、制度が整備されていく契機となった。
2) ボイスは「家から離れて生活している子どもや、ニーズのある子どものための大手のアドボカシー団体であり、全国的なヘルプラインを開設している」（Voice 2010a）。また「公的ケアの下にある子どものエンパワメントと彼らの生活向上のための運動を行う全国的チャリティー団体である」（Voice 2010a）。ボイスは1975年から社会的養護児童へのアドボカシーサービスを提供している。活動開始時の団体名は「社会的養護児童のための声」（A Voice for the Child in Care）である。その後、社会的養護児童の調査を行ったり電話相談を開設したりし、行政から契約を受けるようになった（Voice 2010b）。
3) 全国青年アドボカシーサービス（NYAS）は、アドボカシー運動を展開してきた2つの団体が合併して1998年に新たに創設された。NYASは市民のアドボケイトと法的アドボケイトの両方を提供している点に独自性がある。そのため弁護士（solicitors）を11名雇っている（栄留 2011a: 42）。
4) 児童養護施設と訳されることもあるが、イングランド・ウェールズと日本の施設とは異なっているため、津崎（2013）が訳すように「児童ホーム」とした。津崎（2013: 20）によれば、児童ホームの委託実数は平均3人強となり、定員1〜2人の施設が出現しても驚くにあたらないという。ケア職員と児童の比率が、少なくとも2対1以上であり、児童の数倍の職員による勤務が常態となっている。
5) 1989年児童法にすでにあった子どものサービス提供（17条（4A）（a），（b））や住居の提供（20条（3））、調査に対する地方自治体の職務（47条

(5A）(a), (b)）への付加である。
6）翻訳は、奥田ら（2009: 138）を引用した。
7）The Children's Trust Board (Children and Young People's Plan) (England) Regulations 2010.
8）*Working Together to Safeguard Children: A Guide to Inter-agency Working to Safeguard and Promote the Welfare of Children.*
9）*National Service Framework for Children, Young People and Maternity Services.*
10）*Care Matters: Time to Deliver for Children in Care.*
11）The Care Planning, Placement and Case Review (England) Regulations 2010.
12）*Every Child Matters: Change for Children.*
13）*The Children's Plan: Building Brighter Futures.*
14）*Aiming High for Young People: A Ten Year Strategy for Positive Activities.*
15）The Advocacy Services and Representations Procedure (Children) (Amendment) Regulations 2004.
16）The Advocacy Services and Representations Procedure (Children) (Wales) Regulations 2004.
17）*Providing Effective Advocacy Services for Children and Young People Making a Complaint.*
18）*Get it Sorted: Providing Effective Advocacy Services for Children and Young People Making a Complaint under the Children Act 1989.*
19）*Providing Effective Advocacy Services for Children and Young People Making a Complaint.*
20）ケアリーバー等の意見表明に関する条項。
21）社会的養護児童、またはニーズのある子ども等の意見表明に関する条項。
22）苦情解決制度に関する条項。
23）国民保健サービス（National Health Service）を利用すると、眼科と歯科以外の治療費・入院費は無料である。
24）*Children's Homes: National Minimum Standards, Children's Homes*

Regulations.

25) この基準は、児童養護施設で暮らす子どもの基準にも明記されている。該当箇所は「児童養護施設：国の最低基準——児童養護規則」（DoH 2002a: 5）の基準 1.3 である。

26) *Fostering Services: National Minimum Standards, Fostering Services Regulations.*

27) 独立再検討官（Independent Reviewing Officers: IRO）である。IRO の基本的な役割は社会的養護児童の再検討会議で議長を務め、支援のモニタリングを行うことである。2002 年養子縁組・児童法（Adoption and Children Act 2002）に規定され、2004 年子どものケース再検討（修正）（イングランド）規則によりすべての地方自治体で設置義務となっている。2008 年児童若者法（Children and Young Persons Act 2008）及び 2010 年 IRO ハンドブック（DCSF 2010a）では「子どもの思いを反映させる役割」として期待されている。

28) *The National Service Framework for Children, Young People and Maternity Services.*

29) 親責任（parental responsibility）とは「子どもとその財産との関係で当該子どもの親が法的に有するとされる全ての権利、義務、権限及び責任」（1989 年児童法 3 条 1 項）である。

第**4**章

子どもアドボカシーサービスの全国基準と権利代弁機能

はじめに

　前章では本章の前提となる子どもの参加及びアドボカシーサービスの政策について述べた。本章ではそのアドボカシーサービスの実践の拠り所となっている『子どもアドボカシーサービス提供のための全国基準』（DoH 2002c; WAG 2003b）が権利代弁機能に合致しているのかを、該当箇所・非該当箇所を挙げて考察する。その際、第2章で行った子どもの権利代弁機能に関する定義、すなわち「子どもの権利代弁機能とは、①独立した第三者が、②子ども主導の原則、③エンパワメントの原則に立って、④子どもの聴かれる権利の行使を支えることである」を準拠枠とする。

1　子どもアドボカシーサービス全国基準とは

　『子どもアドボカシーサービス提供のための全国基準』（DoH 2002c; WAG 2003b, 以下、全国基準）とは、「子どもが専門アドボカシーサービスに期待し得る最低基準である」（DoH=2009: 168）と定められており、実践の拠り所となっている。各地方自治体にアドボカシーサービス設置が

義務づけられたことに際し、イングランド保健省（2002年）及びウェールズ政府議会（2003年）が発表した。両政府とも同じ内容の10基準で構成され、アドボカシー提供団体、子ども当事者団体等が協力して作成したものである（DoH=2009: 166）。

次の資料は、全国基準の冒頭に掲載されている詩と、全体で10ある基準の見出しである。

資料 4-1　子どもアドボカシーサービス提供のための全国基準の冒頭の詩

> 自分の人生の外側にいること
>
> 　初めて施設に来た時のことを振り返ると、何もかも失ったような気持ちだったことを思い出す。施設の子どもとしていくらかの権利はあった。施設は私を守ってくれた。私は聞いてもらわなければならなかった。
>
> 　私は5歳から6歳の子どもの集団に入った。そのときから、いろいろな会合や公の用件で連れて行かれ、そして児童ホーム (children's homes) に連れ戻されるあやつり人形のように感じた。
>
> 　幼い子どもなので、私は自分で考えたり感じたりすることができないと思われていた。あたかも幼い子どもたちは痛みも惨めさも経験しないかのように。時間が経過して、自分のケアプランに関して行われた決定について私はもっと知るようになった。しかしそれでも、私が決定に関与することは許されていなかった。
>
> 　自分の人生の外側にいるので、どんな風に世話をしてもらいたいか言うこともできない。私はただ諦めてそれを受け入れるしかない。私が今どうありたいかを誰も知らない。

> インケアの子どもたちの声、アドボカシー利用者ヘレン

出所：DoH=2009: 165

資料 4-2　子どもアドボカシーサービス提供のための全国基準の 10 基準（概要）

> 基準 1：アドボカシーは子どもの意見と願いによって導かれる。
> 基準 2：アドボカシーは子どもの権利とニーズを擁護する。
> 基準 3：すべてのアドボカシーサービスは平等を促進する明確な方針の下に提供される。そして年齢、性別、人種、文化、宗教、言語、障害、性指向により子どもが差別されないようにサービスを監視する。
> 基準 4：アドボカシーはよく広報され、アクセスし易く利用し易いものである。
> 基準 5：求められたときにはただちにアドボカシーは援助と助言を行う。
> 基準 6：アドボカシーは子どものためだけに行われる。
> 基準 7：アドボカシーサービスは高レベルの守秘を行い、子ども、他の機関が守秘に関する方針を知ることができるようにする。
> 基準 8：提供されているサービスを改善するために、アドボカシーは子どもの意見と考えに耳を傾ける。
> 基準 9：アドボカシーサービスは苦情解決手続きが効果的かつ簡便に利用できるように支援する。
> 基準 10：アドボカシーはよく運営され、資金を有効活用する。

出所：DoH=2009: 167

2　「独立した第三者」

　アドボカシーサービスの全国基準には「アドボカシーは子どものためだけに行われる」と述べられ、独立性の確保について主に述べられてい

る。そのことには、以下のようなメリットがあると述べられている。

> アドボケイトは子どもの利益のためだけに行動し、利害の葛藤や抑圧に潜在的にも顕在的にもさらされていないということを子どもが確信しているときにだけ、アドボカシーは利用されまた可能になるのである。　　　　　　　　　　　　　（DoH=2009: 181）

このように、アドボカシーサービスは、「潜在的にも顕在的にも」独立していることが不可欠とされる。このことを具体化するために、他にも次のような規定がある。

委託する団体（commissioning body, 多くは行政が委託）から独立して運営されること（基準6.1）。子どもにも独立性が理解できるよう、資金提供者からの独立性をどのように確保し証明するかということについて詳細な文書を備え、また潜在的な葛藤の所在とサービス提供においてそれをどのように取り扱うのか、サービス遂行をどのように監視するかが書かれている（基準6.2）。子どもの懸念と関係した場所では日常的なサービスは行わない、専門職がいる会議では他の専門職とは独立して見えるように行動すべきことが書かれている（基準6.3、基準6.4）。

すなわちここでは、独立性を示すために、①委託団体ではない団体が担うというだけではなく、②独立性の確保のために潜在的な葛藤がどこにあるのか、③誰が監視するのかを明確にする必要があることが分かる。また、④アドボケイトの態度や⑤立地も、独立性を示すために必要な要素であることが窺える。

3　「子ども主導の原則」

3.1　全国基準の規定箇所

全国基準は「基準1. アドボカシーは子どもの意見と願いによって導かれる」「アドボケイトは子どもの声である。このことは子どもアドボ

カシーの価値の核心である」（DoH=2009: 171）とし、子どもの声に導かれるアドボカシーを強調している。

 1.2　子どもがアドボカシーの過程を導く。アドボケイトは子どもの表現された許可と指示の下にのみ行動する。それが「子どもの最善の利益」についてのアドボケイトの意見とは異なる場合でさえそうするのである。例外的な状況においてのみ、この基準を採用しないことがある。

この「例外的な状況」にまつわる問題は後述するとして、最善の利益から離れることをあえて示し、子どもの思いと最善の利益を峻別しようとする。
　「最善の利益」についてのアドボケイトの考えではなく、子どもの許可及び指示の下で、アドボカシーを行う。これはまさに、子どもによる主導であり、セルフアドボカシーに依拠したアドボカシーを目指していると言えるだろう。

3.2　子ども主導と子どもの最善の利益
　「子どもの最善の利益」は国連子どもの権利条約の中でも4原則の1つになっている重要な規定である。しかし、子どもの最善の利益の強調は、子どもの聴かれる権利の保障と相いれない場合があることが、英国では研究されてきた。それゆえに、この最善の利益と峻別することで、セルフアドボカシーを促進しようとする。
　ここで、子どもの最善の利益がなぜ問題になるかを挙げることで、この基準の意義を述べる。イングランド及びウェールズでは1948年児童法に「子どもの最善の利益」（the best interests of the child）が盛り込まれて以降、この条文は近年の法律（1989年児童法1条）でもより一層促進するよう地方自治体の責任として規定されてきた（Boylan and Dalrymple 2009: 7; 菅 2010b: 102）。
　1989年児童法1条は、子どもの福祉（welfare）に「最高の配慮（para-

mount consideration)」を与えることが原理となっている。さらに1991年に批准した国連子どもの権利条約3条も、子どもに関するすべての措置をとるに当たって「児童の最善の利益が主として考慮されるものとする」と規定している。これらは、子どもを優先的に考慮するようになってきたという点でその進展が評価される（Thomas 2005: 6）。

しかし、「最善の利益」という概念は、実際には何を指しているのかが曖昧であり、様々な論点がある。たとえば、誰が子どもの「最善の利益」を決めるのか、「最善の利益」は文化によって異なるのではないか、短期的期間で考える利益と長期的期間で考える利益のどちらを優先するかは客観的事実というより価値観の問題に依存しているのではないか、児童法は実際には彼らの福祉（their welfare）を守ることを目指しているため個々の子どもではなく全体の子どものことを指しているのではないか、というような様々な意見がある（Mnookin et al. 1983: 7; Thomas 2005: 6-7）。

このような曖昧で多義的な概念にもかかわらず、専門職はこの「最善の利益」に魅了され、これ自体を「達成目標」にし、「何か効果的でやりがいがあることをしているという自己の正当化に陥らせる」と述べる（Mnookin et al. 1983: 8）。

さらに、子どもの関与を重視する能動的アドボカシーの観点からは「最善の利益」がもつ「客観性」に問題を感じている。第1に「最善の利益」の名の下に、その決定に子どもの関与がないことが問題視される（Boylan and Dalrymple 2009: 8）。それは専門知識によって「最善の利益」を定義するため、子どもの能力を疑問視するという指摘（Dalrymple=2009: 214）が関係するだろう。とりわけ子どもが被虐待児の場合、子どもの「被害者性」に着目するため、子どもの関与を促そうとしないことも指摘されている（Barford et al. 1991: 96）。

第2に、「福祉的観点から最善の利益を捉える立場」は「関係者の利益と子ども自身の利益とを、前者が後者に関わっているといえる限り特に峻別しない。そのため、かえって「ベスト・インタレスト」の名のもとに、子どもの意向や心情が安易に塗り替えられてしまう可能性を否定

できない」という指摘がある（菅 2010b: 104-105）。

　第3に「最善の利益」を追求するソーシャルワーカーは、子どもが「最善の利益」にかなわない意向を示した場合、子どもの意向を擁護することができない（Dalrymple 1995: 115）。それはソーシャルワーカーが一方ではアドボカシーの役割を行うことを期待されており、他方ではリスクマネジメントの戦略をとるように強いられているということに関連している。それに従わなければ組織から制裁がもたらされるため、子ども中心の実践よりも防衛的な意思決定がソーシャルワーカーによって優先的に考慮されることになりがちであるという（Dalrymple=2009: 199）。

　すなわち、子どもの発達や「弱さ」に着目することで、最善の利益が用いられる一方で、その最善の利益の内実が曖昧なために、子どもを沈黙させることになりかねないという指摘である。英国では、このような最善の利益をめぐる問題提起がなされてきた。そのことが、最善の利益と子どもの思いを峻別することにつながっていると筆者は解釈する。ソーシャルワーカー等の専門職とは異なる立場のアドボケイトが最善の利益をとらないと明言することは、子ども主導を理解する上で重要なことである。

3.3　子ども主導と公正中立

　「アドボカシーは子どものためだけに行われる」（基準6）は独立性の原則も示しているが、と同時に中立性とは異なるということも示している。

　子どもと保護者、子どもと意思決定機関等との利害は異なる場合がある。そのことは想定できるにもかかわらず、「公平中立」の名の下に子どもと保護者、施設等の両方の話を聞き、最終的に総合的な解決法を見出すような立場をアドボケイトはとらない。前述したが日本の子どもの権利擁護機関、たとえば東京都の子供の権利擁護専門相談事業は明確に「公正中立」（子供の権利擁護専門相談事業 掲載年不明）の立場をとっている。アドボカシーサービスはあくまで子どものみを支援し、中立的な機関たとえば苦情解決の機関や意思決定機関に対して、子どもの声が反映

されるようにするのが仕事なのである。その意味では日本の権利擁護機関、第三者機関などと仕事内容が異なる。

3.4　子ども主導と情報・守秘義務

　おとなが数多く占める意思決定の場に子どもが参加する場合、おとな主導のやり方を見直す必要がある。情報をすべて提供し理解するのを支援する（基準1.4）や、子どもが意見を自由に表現できるよう助ける、専門用語を使わない（基準1.5）、子どもにとって簡単なアクセス（基準4）や、子どもはすぐ応答を求めているため、求められたときにはただちに応答する（基準5）必要がある。そのことによって、おとな主導ではなく子ども主導でアドボカシーが行われるように配慮している。

　基準7では、高レベルの個人情報保護について書かれている。アドボカシーサービスは「プライバシーを常に尊重し、子どもの同意なしにはサービス外に漏洩しないことを子どもに保証する」（基準7.3）。「子どもは情報公開過程で個人情報を可能な限りコントロールすることができる」（基準7.4）と述べられ、守秘についても子ども主導で行われる。基準の最後には、子どもの声が掲載され、「あなたが言ってほしくないことは、アドボケイトはソーシャルワーカーに言うべきではない」（DoH=2009: 182）と述べられている。すなわち、専門職同士が行うような情報共有を、アドボケイトは行わないのである。この部分は特徴的であり、子どもが安心して話すために必要なことである。

　ただし、虐待などの「重大な侵害」が子ども自身や他の人に及ぶことを防ぐのに必要な場合や、裁判所の命令による場合は秘密を保持できないことを伝える（基準7.3）ことになっている。このことは、子ども主導を徹底しているのか疑問が生じる部分である。子どもの場合は、生死に関わるような虐待からの保護を行う必要があるため、やむをえないことと考えられるかもしれない。しかし、この規定によって、アドボケイトの利用をするかどうかを決める材料になる。

　アドボカシーサービスは「なぜサービスにアプローチしたのかを話し合う前に、個人情報保護方針を子どもたちに説明する。子どもにやさし

い言葉で書かれた方針の要約を子どもに渡す」(基準7.2)。事前に説明があった上で、子どもが話をして、「子どもたちの同意なく情報を行政機関に渡すことが必要だと考えた時は、こうした行動をとる理由をアドボケイトは子ども本人に伝える。その理由は記録される」と述べられる。すなわち、子どもに対して事前に説明するのである。

このように秘密を保持できない可能性があることを事前に知らされているならば、話す内容を子どもが決定するという意味で子ども主導は残される。

4 「エンパワメントの原則」

全国基準の序章の中で、「アドボカシーとは子どもをエンパワーすることである」と書かれている(DoH=2009: 168)。第1章で示したように、「子どもの能力の問題、おとなと子どもの力関係、社会的養護を受けている等の社会的抑圧の問題から、子どもが話せない環境に置かれているという認識」及び「当事者が社会的な抑圧によって奪われた誇りや力を取り戻す」という視点がエンパワメントの理解には不可欠である。全国基準におけるエンパワメント概念が、この認識と視点を踏まえたものであるかどうかは明確ではないが、社会的抑圧の中で社会的養護児童が話せない環境に置かれているという認識はあるようである。たとえば、資料4-1に掲げたように、全国基準は社会的養護当事者の詩「自分の人生の外側にいること」(DoH=2009: 165)から始まっている。これによれば、子どもは幼少期から「あやつり人形のように」扱われており、「自分の人生の外側にいるので、どんな風に世話をしてもらいたいか言うこともできない。私はただ諦めてそれを受け入れるしかない。私が今どうありたいかを誰も知らない」と締めくくっている。そして、序文に移り、次のように述べる。

　　アドボカシーは子どもを保護し、貧弱な実践から子どもたちを

守る。過去においては、子どもが発言しようとしても聞いてもら
　　えない場面があまりにもしばしばあった。こういったことは受け
　　入れがたいことである。

　　　政府がアドボカシー実践のための全国基準を開発した理由はこ
　　こにある。社会的養護児童が、自宅で暮らしたり自宅を出たりす
　　る他の子どもと可能な限り同じ支援を受けられるようにしたいと
　　私たちは思っている。　　　　　　　　　　　　（DoH=2009: 166)

　政府は、社会的養護児童が他の子どもと比べて抑圧されているという認識を持っている。また、基準10.2では、アドボケイトの養成内容について書かれている。養成内容に含まれることとして、「子どもが自分のために発言できるようにエンパワーする戦略」や「非差別的反抑圧的で敏感な実践（障害平等研修と知的障害とその他の障害をもつ子どもを含んだ子どもたちとのコミュニケーションを含む）」が書かれている。実際にどのような訓練（養成）を行うかにもよるところはあるが、子どもという立場、障害児という立場で聴かれる権利が行使されにくい環境に置かれているという認識を持ち、アドボケイトとして活動しようとしていることが窺える。

5　「子どもの聴かれる権利の行使を支えること」

　全国基準には、アドボカシーサービスが、国連子どもの権利条約12条の聴かれる権利と1998年人権法に基づいていることが明記されている（DoH=2009: 169）。そのため、子どもの聴かれる権利をどのように保障するのか、具体的な方法が随所に述べられている。
　ここでは、アドボカシーサービスが聴かれる権利の一般的意見の5つのプロセス（準備、聴聞、力の評価、フィードバック、苦情申し立て）に沿って検討されている。まず、準備・聴聞の段階においては、基準1.4～1.

8で述べられているように、情報の提供、子どもの自由な表現を支援する、アドボケイトは専門用語を使わずに子どもの意見を代弁する、アドボケイトが持っている情報やとる行動を子どもに隠さない、子どもたちが意思決定において聴かれ理解され記録されるように保障することが述べられている。基準3では、障害児・乳幼児等の聴かれる権利を促進するための工夫が書かれている。

　第2に、聴かれる権利の一般的意見の5つのプロセスの「力の評価」部分である。これについては、次のように行わないことを明言している。

> 1.3　アドボケイトは子どもの意見を表明する能力を推定しない。子どもの気持ちを理解することがアドボケイトの仕事である。だから子どもとよく知り合うために時間や労力を使うこともアドボケイトの仕事に含まれている。適切な場合で、子どもの同意があった時のみ、親、世話をする人、祖父母、きょうだい、子どもの親しい友達の意見を聞く。子どもの願いと他の人の願いが対立する場合には、アドボケイトは子どもの願いを優先する。

　聴かれる権利の「力の評価」によって排除される可能性のある、コミュニケーションの困難な子どもも意見表明を行使できるように支援しようと試みる。ともすれば親に子どもの思いを尋ねるところを、本人との関わりによって思いを聴こうとしている。子どもの能力を子どもに聴く前に推定／断定すると、子どもの聴かれる機会が奪われるという問題が生じる。この点については、発達という観点によって特定のステージで意思決定に関与する能力が欠けているという見方がなされることや障害児及び被虐待児への「弱さ」の強調によって子どもは沈黙を強いられる。アドボケイトが「能力を推定しない」ということは、すべての子どもの聴かれる権利行使のために必要なことであり、意義がある。

　そのために、アドボケイトがどのように子どもの思いを理解するかについても、わずかながら全国基準には掲載してある（DoH=2009: 174-175）。たとえば「障害児と乳幼児のコミュニケーションニーズに特別な関心を

払う」として、創造的で感覚的なアプローチや新しいテクノロジー、マルチメディアや非言語的なコミュニケーションの利用について述べられている。ただ、子どもとのコミュニケーションに単一の方法はないし、「フリーサイズ」のようなやり方は役に立たないと釘をさしている。これ以上の参加方法について述べられていないのが残念だが、「時間と労力を使」って子どもの思いを理解しようとしている点は子どもの聴かれる権利の解釈以上の意味があるだろう。すなわち、子どもの聴かれる権利は、12条1項に「自己の意見を形成する能力のある児童」とあるように、能力によってその行使が制限されているためである。

第3に、聴かれる権利の一般的意見の5つのプロセスのうち「フィードバック」として該当するのは基準1.8と基準8である。国連子どもの権利委員会は「フィードバック」を行う意味について、次のように述べる。

> 意思決定担当者は、子どもに対してプロセスの結果を知らせ、かつ子どもの意見がどのように考慮されたかを説明しなければならない。このようなフィードバックは、子どもの意見が形式的に聴かれるだけではなく真剣に受けとめられることの保障である。
> （CRC=2011b: para45）

基準1.8は、上記と同様に、意思決定機関が子どもに影響を与える決定について子どもに説明すべきことが書かれている。アドボケイトの役割は、意思決定機関からの情報が子どもに伝わるように支援することである。このことについて次のように述べられている。

> 自分に影響を与える決定について子どもに説明することが意思決定機関の役割である。そしてアドボケイトは情報が子どもに伝わることを保障する。そこには子どもの願いと一致しない決定も含まれている。子どもの年齢と理解力に応じたやり方で情報は提供される。アドボケイトはどのようにしてなぜそれが行われたか

を記録する。そして子どもはそれらの記録にアクセスする権利を持つべきである。　　　　　　　　　　　　　　　　　（DoH=2009: 172）

　アドボケイトが存在すれば、子どもの聴かれる権利が保障されるのではなく、意思決定機関の役割が重要である。意思決定機関の説明がなかったり、説明が不十分な場合に子どもに情報が伝わるように支援する。
　基準8は、「提供しているサービスを改善するために、アドボカシーは子どもの意見と考えに耳を傾ける」である。ここでは、職員募集からサービスの評価と監視に子どもの関与を求めている。子どもの提案がどのように使われているかフィードバックし、子どもに謝礼を支払うことも書かれている。基準8には個々の子どもの意見がどのように反映されたのかフィードバックする点については書かれていないが、サービスを改善する際のフィードバックについて述べられているように考え、該当箇所とした。
　第4に、聴かれる権利の一般的意見の5つのプロセスのうち「苦情申し立て」として該当するのは、基準9の「アドボカシーサービスは、効果的で利用しやすい苦情解決手続きを有している」である。ここでは、アドボカシーサービスに不満がある場合の情報提供（基準9.1）、苦情解決にはインフォーマルな部分とフォーマルな部分があること（基準9.2）公式な苦情解決は福祉サービス一般に利用される苦情解決（詳細は、第6章で述べる）があることを子どもに分かりやすいように伝える（基準9.2）、サービスから独立した人物が苦情に関わること、期間内に改善策を勧告すること（基準9.3）、苦情を記録し、教訓を引き出し、必要な場合には措置をとること（基準9.5）が述べられている。アドボカシーサービスは福祉サービスに関する苦情に関わるが、アドボカシーサービス自体にも苦情手続きがあること、それを子どもに伝えることが明示されている。
　第5に、効果的な運営と聴かれる権利の保障との矛盾について課題を挙げる。聴かれる権利の保障だけではなく、③のエンパワメントの原則にも関わる問題である。10基準の最後の1つに「基準10：アドボカシーを効果的に運営し、資金を有効活用する」がある。「効果的な運営、

資金の有効活用」は、主な資金源は行政から、つまり市民から徴収された税金であることを考えれば、この基準はなんら不自然なものではないかもしれない。運営や資金に関する不正やおとなに都合の良い運営であれば、子どもにとって良いサービスにならないだろう。その観点では必要な基準である。しかし、他の基準において「子ども主導」「能力を推定せず」、「時間と労力」を使って子どもの聴かれる権利を保障する試みと、「効果的な運営、資金の有効活用」は両立するのかが疑問である。時間と労力を使うということと、運営という観点から効果的な資金を使うこととは時に一致しない。子どもへの関わり方は「フリーサイズではない」と述べるのであれば、個々の子どもに合った時間や労力が必要になる。それがどの程度必要になるかは予測がつかないことである。それに伴い、資金もどの程度必要なのか異なってくる。このことは、第8章に述べる、新自由主義路線の中で「バリュー・フォー・マネー」を根拠に乏しい資金で運営せざるを得ない状況に関係するだろう。

6　考察──子どもの権利代弁機能の観点から

　本章では、全国基準というアドボカシーサービスの理念を示した文書において、権利代弁機能に必要な4つの要素はどのように示されているかを整理した。その整理について表4-1にまとめた。このように見てくるならば、全国基準の理念においては権利代弁機能の4つの要素は含まれている。そしてそれらの要素を具現化するために何をすべきかがよく示されている。第2章で筆者が再定義した権利代弁機能が、具体的にどのような内実を持つのかはこれまで示してこなかった。この全国基準の検討を通して、実践が依拠すべき原則や基準が明確化された。特に、4つの要素の中でも、子どもの主導と最善の利益との関係や、中立ではないこと、また高い守秘義務を持つことなどが規定されている点は、示唆に富んでいる。これらは、日本では未だ権利擁護をめぐって議論されていない論点である。

第4章 子どもアドボカシーサービスの全国基準と権利代弁機能

表 4-1 全国基準にみる権利代弁機能の該当箇所・非該当箇所

	該当箇所	非該当箇所
独立した第三者	(1) 委託する団体ではない団体が担うというだけではなく、(2) 独立性の確保のために潜在的な葛藤がどこにあるのか、(3) 誰が監視するのかを明確にする必要。(4) アドボケイトの態度、(5) 立地（設置場所）について独立性を示す必要。	特になし
子ども主導	(1)「アドボカシーは子どもの意見と願いによって導かれる」の明示。(2) 最善の利益と峻別・公正中立をとらない。(3) 情報をすべて提供し理解するのを支援する。(4) 子どもの同意の下での守秘義務解除。	ただし、虐待などの「重大な侵害」が子ども自身や他の人に及んでいる場合、裁判所の命令による場合は秘密を保持できない。
エンパワメント	(1) 全国基準は社会的養護当事者の詩「自分の人生の外側にいること」を冒頭に紹介。(2) 政府は、社会的養護児童が他の子どもと比べて抑圧されているという認識あり。(3) 養成内容に含まれることとして、「子どもが自分のために発言できるようにエンパワーする戦略」や「非差別的反抑圧的で敏感な実践（障害平等研修と知的障害とその他の障害をもつ子どもを含んだ子どもたちとのコミュニケーションを含む）」が書かれている。	特になし
聴かれる権利の行使を支える	聴かれる権利の一般的意見のプロセス（準備、聴聞、力の評価、フィードバック、苦情申し立て）に沿って検討。(1) **準備・聴聞** 情報の提供、子どもの自由な表現を支援する、アドボケイトは専門用語を使わずに子どもの意見を代弁する等。(2)「**力の評価**」「アドボケイトは子どもの意見を表明する能力を推定しない。子どもの気持ちを理解することがアドボケイトの仕事である」。(3)「**フィードバック**」「自分に影響を与える決定について子どもに説明することが意思決定機関の役割である。そしてアドボケイトは情報が子どもに伝わることを保障する」「提供しているサービスを改善するために、アドボカシーは子どもの意見と考えに耳を傾ける」。ここでは、職員募集からサービスの評価と監視に子どもの関与を求めている。(4)「**苦情申し立て**」「アドボカシーサービスは、効果的で利用しやすい苦情解決手続きを有している」。	効果的な運営と聴かれる権利の保障との矛盾について課題

次章から第8章までは、アドボカシーサービスの活動内容を述べる。本章、そして第8章までの論点を踏まえて、第9章・第10章の中で日本にアドボカシーサービスを導入する場合の構想を行う。

注
1) 子どもの家（Children's homes）と訳されていたものを児童ホームとした。

第5章

ケース会議におけるアドボカシーサービス

はじめに

　第5章・第6章はアドボカシーサービスの中心的な仕事であるケース会議場面及び苦情解決場面での活動を取り上げる。まず、本章ではケース会議、とりわけアドボケイトが最も利用されているファミリーグループ・カンファレンス（Family Group Conference, 以下FGC）におけるアドボカシーサービスとは何か、その役割について述べ、章末に「権利代弁機能」の定義に照らして意義・課題について述べる。

1　様々なケース会議と子ども参加

　イングランド及びウェールズでは、子どもの援助方針を話し合うケース会議に子ども本人が出席または関与することがある。ここでは、会議への「出席」とは直接同席することを言い、「関与」とは会議開催の事実を知るが出席を希望せずに何らかの手段（手紙や絵など）で会議に関わる場合を指す。出席と関与をあわせて、ここでは「参加」と言う。
　子どもが意思決定過程に参加するということは、子どもを能動的主体と捉えている点で意義がある。しかし、おとな中心の会議の在り方を見

表 5-1 子どもが出席可能な会議

対象	虐待を受けている子ども等	社会的養護児童	子ども保護プロセス	障害児、精神疾患のある子ども等	リービングケアの子ども
会議	FGC	再検討会議	子ども保護会議 コアグループ会議	移行検討会議	リービングケア計画会議

出所：WAG et al. 2009a: 56-57 を基に作成

直さなければ子どもがただ「居る」だけになってしまい、子どもの参加が形だけのものとなる可能性がある。イングランド及びウェールズは子どもの実質的な参加を促すため、会議のコーディネーターが子どもの参加に気を配ること、そして子どもの参加を支えるアドボケイトの配置を進めてきた。

　イングランド及びウェールズで子どもが出席できる会議は6つあると言われている（WAG et al. 2009a: 56-57）。「子ども保護会議」や社会的養護児童の「再検討会議」、子ども保護会議をどのように行うかを検討する「コアグループ会議」（Core Group Meeting）、おとなになってからも継続して支援が必要な子ども（障害児、精神疾患のある子どもなど）がおとなのサービスに移るための「移行検討会議」（Transition Review）、リービングケアの子どもを今後どのように支えていくかを話し合う「リービングケア計画会議」（The Pathway Plan）がある。そして、専門家主導ではなく家族主導で計画を立てる FGC がある（表5-1）。

2　ファミリーグループ・カンファレンス (FGC) におけるアドボカシーサービス

2.1　FGC の概要

　FGC とは「拡大家族ネットワークの潜在的力を活用し、拡大家族や場合によっては親しい友人・近隣がソーシャルワーカーをはじめとする専門職とともに、子どもが安全かつ十分に養育されるための必要項目を話し合う公式の会議」である（林 2008: 47）。ニュージーランドで開

表 5-2　FGC の各段階の要約

> ①**照会／送致**　FGC を選択する場合、プライベート・タイムでプライバシーが他のメンバーの前で公表されることを家族に確認する。FGC が決定すると FGC マネージャーがコーディネーターを決定する。その条件は家族のアセスメントやサービスの提供に直接関与していないことである。
>
> ②**準備**　コーディネーターは（拡大）家族のメンバーと直接話し合い、家族ネットワークの確認作業に入る。子の養育に重要なメンバーを確認し、FGC に招聘するメンバーをコーディネーターが決定する。招聘する家族とも交渉し、FGC の日取りを決める。
>
> ③**情報提供**　この段階で家族全員が顔を合わす。進行役はコーディネーター。目的は家族プランを作成するための情報収集とその共有化である。専門家は家族プラン作成の為の条件提示と情報提供に限定され、家族をアセスメントしたり自分の考える家族プランを強要したりしてはならない。
>
> ④**プライベート・タイム**　コーディネーターと専門家は退出する。家族だけで子育て（家族）プランを作成する。時間は家族に任される。
> コーディネーターはプライベート・タイムに入る前に、家族プラン作成に失敗した場合の専門家の対応を家族と確認しておく。
>
> ⑤**家族プランの合意**　作成された家族プランは専門家（ソーシャルワーカー）の審査を受ける。基準は子の安全と福祉が守られ、虐待が回避される内容になっているかという点であり、その判断と責任はソーシャルワーカーにある。問題がなければ家族プランは実行される。
>
> ⑥**モニターと検討会**　家族プランのモニターや検討会はソーシャルワーカーの責任である。検討会は家族プランが実施されて 12 週間以内。家族の要請があればいつでも可能である。

出所：田邉 2006: 379-380

発（1989 年）され、少なくとも 17 ヵ国（FRG 2009: 14）で活用されている。他の会議と大きく異なるのは、専門家主導ではなく家族主導で計画を練るという点である（Marsh et al. 1998）。

　FGC は表 5-2 の各段階をたどって進行される。「②準備」の段階で、子どもはコーディネーターより説明を受け「アドボカシー利用の選択」を行う。子どもはアドボケイトの支援を受けて会議の事前準備を行う。③④⑤は実際に家族メンバーが参集する会議である。その際には、アドボケイトは子どもの希望により子どもと同席し、子どもの参加と意見表明を支援する。ただし④のプライベート・タイムでは原則として家族メ

ンバーのみで行われるので、アドボケイトは別室で待機し必要に応じて子どもの相談に乗り支援することが多い。⑥の検討会の際に、子どもが希望すれば再度アドボケイトが支援する。

2.2 FGCへの子ども参加

FGCの国際的な調査（17ヵ国）では、表5-3に示すように全体の65％の事業者で子どもの出席率は半数以上である（Nixon et al. 2005: 35）。一般的に12歳以上の子どもは積極的に出席が促されるが、それ以下の年齢の子どもは年齢・能力の観点から排除される傾向がある（Nixon et al. 2005: 35-37）。近年のイングランド及びウェールズ全土の子どもの出席率を示した調査はないが、マーシュとクロウ（Marsh et al. 1998）のFGC（80ケース）調査で11歳以上の子どもの参加が比較的多い（Marsh et al. 1998: 103）（表5-4参照）。

しかし、近年イングランド及びウェールズにおいて、アドボケイトの利用が増え、より年少の子どもたちも参加するようになってきている（Horan et al. 2003; Laws et al. 2010）。

FGCは子どもの参加が多くなっている一方で、国際的には子どもの参加をめぐって様々な懸念がある。虐待を行ったおとなと同席する可能性（Shaw et al. 1999）、家族の口論を目撃する可能性（Robertson 1996）、おとな主導の会議になる可能性（Dalrymple 2002）が懸念されている。

イングランド及びウェールズの子どもたちもFGC開催前には上記の

表5-3　FGCへの子どもの出席頻度
（17ヵ国）

どのくらいの頻度で子どもたちはFGCに出席しますか（全回答数：225事業者）	
75％以上	90
50-74％	34
25-49％	35
25％未満	32
回答なし	34

出所：Nixon et al. 2005: 35

表5-4　イングランド及びウェールズの子どもの出席率

	FGC	再検討会議	計画会議 (planning meetings)	子ども保護会議
5歳未満	45%	9%	10%	11% 会議の全体または部分的に出席
5-10歳	39%	30%	11%	
11-15歳	90%	80%	46%	
16-18歳	66%	55%	75%	

出所：Marsh et al. 1998: 103

ような不安を抱えている (Laws et al. 2007)。しかしながら、いくつかの調査結果によれば、多くの子どもはFGCに出席することを選び、参加できたことに満足している (Marsh et al. 1998; Horan et al. 2003; Holland et al. 2005; Holland et al. 2006; Bell et al. 2006; Laws et al. 2007; 2008; 2010)。たとえば、FGCに参加した25名の子どもの追跡調査によれば、25名中22名がFGCのプロセスに参加できたこと、そして聞いてもらえたことに満足している (Holland et al. 2006)。DVのケースにおいても、「私がミーティングに行かなかったら悪い結果になったと思う。なぜなら、私たちが望んでいることが反映されなかっただろうから (11歳)」(Holland et al. 2006: 100-101) と語っている。その一方で、「話すのが難しいと感じた」「主役だと言われて来たのに親に怒鳴られた」という子どもの否定的回答もある (Holland et al. 2006: 99-100)。

　この研究 (Holland et al. 2006) の興味深い点は、子どもとおとなではFGCで何を重視するかという優先順位が異なっていたということである。家族、ソーシャルワーカー、コーディネーターはこれからの実践の在り方を決めることが重要と明白に述べた。しかし、子どもは家族に会えること、会議で発言できること、そしてこれからの実践の順で優先されたという (Holland et al. 2006: 104)。このことから、ホーランドらは子どもにとってプロセスというのは結果と同じくらい重要であるということだと述べている (Holland et al. 2006: 106)。それゆえに結果はともあれ、FGCのプロセスに参加できることは子どもの満足度につながるという。

3　FGCにおけるアドボケイトの役割

3.1　アドボケイトの背景

　FGCにおけるアドボケイトとは何か。「FGC：原則と実践のガイド[3]」（Barnardo's et al. 2002）には次のように書かれている。まず、原則3で「家族メンバーはファミリーグループ・カンファレンスのプロセスで、意思決定者として認められる権利がある」と示している。この原則を実行するために、以下のように支援を受けることができるとされている。

　　子どもと支援が必要な他の家族メンバーに、会議のすべてのプロセスに参加するために、第三者の支援を受けられることが伝えられる。この人はアドボケイトまたはサポーターと呼ばれ、家族ネットワーク内の人かもしれないし、家族外の人かもしれない。アドボケイトまたはサポーターは、家族について決定を下すことができる人以外の人が担う。　　　　　　　（Barnardo's et al. 2002: 8）

　これによれば、子どもも「すべてのプロセス」の参加者として、第三者の支援を受けられるということである。1990年代後半の研究（Marsh et al. 1998）では、家族内のサポーターか学校の友達のみがアドボケイトだった。コーディネーターもアドボケイトの役割をする場合があったが、近年ではコーディネーターをより中立的な位置にするために、子どもの希望に応じてコーディネーター[4]以外の独立したアドボケイトを配置することが一般的である（Laws et al. 2008: 81）。近年の調査では子どもにアドボケイトを配置しているFGCの事業者は65％で、33％の事業者で家族サポーターのみである（Ashley et al. 2006: 95）。すなわち、すべての子どもがアドボケイトを利用するわけではないが、アドボケイトの利用が多くなってきている。

　アドボケイトは1998年にウィルトシャー県のFGCで活用されるようになった（Horan et al. 2003; Voscur 2010）。これまで述べてきた子ど

もの参加に関する懸念を払拭するために始まったのである。FGC でアドボケイトを利用している国は他に例を見ず、世界的に珍しいとされている（Laws et al. 2008: 83; Nixon et al. 2005）。その理由をホーランドら（Holland et al. 2006: 93）は次のように分析する。

　　FGC における英国の実践は、「家族」を単一のものと見る、つまり家族を一つの体系と見る見方から、家族内の不平等、特におとなと子どもの不平等を認識する方向へとシフトしてきたのであろう。したがって、アドボケイトなどの手段を使って子どもが参加できる空間を提供することの重要性がますます強調されてきたのである。

このような家族内の不平等を意識して、アドボケイトの支援が強調されるという英国の特徴を述べている。

3.2　アドボケイトの役割

イングランド及びウェールズで FGC を行う際のマニュアル（Ashley et al. 2006: 95）には次のように書かれている。

表 5-5　アドボケイトの役割

> アドボケイトまたはサポーターは次の役割を果たす。
> ① FGC とは何か、どのように行われるのか、FGC に関して何が疑問なのかを若者が理解できるようにする。
> ② FGC への子どもの出席方法を話し合う ── FGC に出席したいかどうか、どの程度出席したいか、出席する可能性がある人の中で何か問題のある人がいるかどうか。
> ③ どのように、いつ、どこで子どもは FGC に自分のことを言いたいのか（いろいろな情報を知った後なのか、プライベートファミリータイムの時なのか、子ども自身で自分の意見を言うのか、子どもがいる中でアドボケイトが代弁するのか、または子どもは出席しない

でアドボケイトが代弁するのか）。
④親責任を考慮しつつ、子どもの意見を保障する。
⑤FGCのプロセスを通して子どもを支援し、子どもの声が聴かれることを保障する。
⑥FGCに子どもが出席するなら、子どもが必要と感じたときに、FGCの最中にプライベートで話すためのサインはどのようにするかを話し合う。
⑦誰が計画を検証するかについて子どもと合意し、確実に行われるようにする。
⑧守秘を約束し、FGCの再検討がされるまで子どもに会わない。

出所：Ashley et al. 2006: 95. 番号は訳者が付加

以上のことを、アドボケイトは行うよう求められている。しかし、文献によって相違もある。そのため、以下にこの表への補足や相違も挙げておきたい。

アドボケイトはこの**表5-5**①②③のFGCの準備段階で専門性を発揮する。ホーランら（Horan et al. 2003）は、「アドボカシー関係を意味ある効果的なものにしようとするならば、（FGCの前に）2、3回出会うのが適切だと若者とアドボケイトは思うだろう」（Horan et al. 2003: 4）と述べ、準備段階の重要性を示している。準備段階では、子どもが話したことや絵で表現した気持ちを、会議に提示する方法を子どもと話し合う（Laws et al. 2008: 92）。どのような情報が家族と共有されるのかについて子どもと合意をつくるのである（Dalrymple 2005: 6）。

③に関して補足すれば、基本的には子どもが決めたことをするので、実際は子どもの利益のために発言することから、子ども自身で話せるようにサポートすることまで多様なものである（Dalrymple 2005: 5-6）。

ただ、家族だけで計画を練るFGCのプライベート・タイムへのアドボケイトの参加は困難なようである。FGCは家族主導の会議であるため、拡大家族の一員ではないアドボケイトが出席することはFGCの原則に反する。このため、アドボケイトが出席することには議論がある。

よって、この時間に出席したアドボケイトがいる一方で、この時間に参加する子どものために事前準備を手伝い、家族の時間には出席しないアドボケイトもいる（Dalrymple 2005: 6）。そのため、このプライベート・タイムへの参加方法を子どもと十分に話し合う必要がある。すなわち、表 5-5 中の④「親責任を配慮しつつ」という部分に関連しているだろう。この点については本章末にて考察することとする。なお、FGC の後に、子どもが FGC によって作られた家族の計画を理解しているかを確認するためフォローアップを行う（Laws et al. 2007）。

3.3　FGC におけるアドボケイトの意義と課題——先行研究

アドボケイトにどのような効果があるのかについてはいくつかの論文がある。まず、ウィルトシャー県の FGC に参加した子ども 79 人中 51 人がアドボケイトの利用を希望したことにより、「家族から独立した支援者を持つことは有利だ」と見ているとホーランらは分析する（表 5-6、Horan et al. 2003: 3）。

ホーランら（Horan et al. 2003）はさらに、アドボケイトを選んだ子ども 10 人の個別インタビューと子ども 4 人のグループインタビューを行っているが、いずれも肯定的な感想を述べている。たとえば、「腹が立ってアドボケイトに何かを言ってほしいときには、私たちは特別なサインを持っていた。望んだときには会議の外に出ることもできた。それで私が何を望んでいるのか、私がその計画についてどうしたいかを話した」「アドボケイトは良かった。僕の秘密を言える人だった（7 歳）」「アドボケイトは言いたかったことすべてを頭の中から出してくれた。それ

表 5-6　FGC に参加した直近 79 人の子どもの調査

4 歳と 4 歳未満——アドボケイトがつかない	11 人
子どもがアドボケイトの利用を拒否した	6 人
子どもが自分の家族か専門家ネットワークからアドボケイトを選んだ	11 人
子どもが独立アドボケイトを利用することを選んだ	51 人

出所：Horan et al. 2003: 3

で今は気分が良くなり、私を悩ませるものはなくなった（14歳）」と述べている。

次に、家族サポーターとアドボケイトを比較している先行研究[5]（Laws et al. 2007）では、家族がアドボケイトの役を行うサポーターと比較することで、アドボケイトの利益と不利益が見えやすくなっている（表5-7）。

この研究で特徴的なのは、家族サポーターは子どもとすでに関係が構築されているために話しやすいというメリットがある一方で、家族サポーターは子どものみの立場に立てず、「自分自身及び他のおとなの意見もできる限り代弁したいと思っている」という点である。たとえばある事例では、父親が性的虐待の加害者と疑われていた。子どもはその

表5-7　家族サポーターと独立アドボケイトの利益・不利益

	家族サポーター	独立アドボケイト
利益	・子どもと親しい、信頼がある ・家族背景の知識がある ・家族メンバーまたは友人に責務を与える	・家族の争いや対立の中で、より独立しているとみられる ・FGCの準備をし、子どもの意見を引き出す ・子どもとFGCのフォローアップをする ・一貫性のある専門的支援を子どもに提供する
不利益	・この役割のスキルまたは何を実際にするのかということに一貫性がない ・子どもは家族サポーターの気持ちを傷つけることを恐れているかもしれない ・他の家族メンバーから独立性がないようにみられる ・自分自身の意見も言いたいと思っている。また他のおとなの意見も代弁したいと思うかもしれない ・（FGCの）計画において鍵を握る人物になるかもしれない	・アセスメントする人とみられる危険性 ・一時的だが強烈な信頼関係を形成し、大きな喪失体験を伴うかもしれない ・家族責務のFGC原則を混乱させる可能性 ・家族が自由に話せないかもしれない

出所：Laws et al. 2007: 67

父親の姉（または妹 sister）を家族サポーターとして選んだ。姉は弟のことも子どものこともどちらも代弁したいと思い、「忠誠心が引き裂かれた」という。すなわち、家族サポーターは独立性に欠けた立場なのである。

家族サポーターが子どものみの立場に立てずに他の家族メンバーのことも代弁してしまって、子どものサポーターと言えるのだろうか。その意味ではアドボケイトの支援によって、子どものみの思いを打ち出せることにアドボケイトの意義がある。

4　FGCにおけるアドボカシーサービスの意義と課題

第1に、アドボケイトがFGCで子どもの参加支援を行うということは、ホーランドら（Holland et al. 2006）が述べたようにおとなと子どもの不平等に根差しているのであれば、力関係や抑圧を認識する立場として意義がある。前述のように、権利代弁機能の再定義の一部に、エンパワメントの原則を入れた。そのエンパワメントには抑圧の認識が欠かせないからである。子どもと家族を単一のものとみるのではなく、子どもも能動的主体であり、家族とは異なる存在である。この認識は極めて重要である。

第2に、また、前述のように子どももアドボケイトを求めており、アドボケイトの利用に比較的満足している調査が散見され、アドボケイトの存在意義は一定程度あると考えられる。

第3に、FGCの会議前からアドボケイトと子どもが準備をすることによって、子どものニーズが明確になり、それが意思決定に反映される可能性がある。実際、FGCの準備で子ども自身が思いを書いたもの（絵や表など）はミーティングに影響を与える重要な要因だったという報告がみられる（Laws et al. 2007: 67）。

一方、アドボケイトが子どもを支援する場面には、課題が残されている。

第 1 に、FGC のプライベート・タイムにはアドボケイトは出席しない場合があるということである。このプライベート・タイムの中で今後の支援プランが決定される、FGC の核となる部分なのである。家族ではないアドボケイトがいるとなれば、家族主導という FGC の原則を乱してしまう可能性がある。しかし、そのプライベート・タイムで子どもの参加をどう保障するのかということが課題となっている（Laws et al. 2008: 93; Dalrymple 2007: 128-129）。

　すなわち、アドボケイトは FGC の準備に力を注ぐ一方で、意思決定そのものには参加せず、決定の方法は家族に任されている。どの程度意思決定に子どもが関与できるかは、最終的にはどのような家族なのか、子どもの気持ちを重んじる家族なのかによることになる。

　前述のようにホーランドら（Holland et al. 2006）は、おとなと子どもの不平等を認識して他国とは異なりアドボケイトが存在すると述べているが、準備段階のみの対応で、果たして真に不平等を認識していると言えるのか疑問が残る。アドボケイトの支援によって、子どものニーズや子どもからの情報を家族が得ても、意思決定の場面で子どもが十分に関与できないとすれば、アドボケイトがいることによる不平等解消は限定的だとも考えられる。

　しかし、FGC のプライベート・タイムにアドボケイトが参加すべきだとは、FGC がもつ家族主導という性質上、進言できることとも思えない。それは FGC の根本を変質させてしまうことにもつながるからである。FGC という形態はもともと、家族の潜在的力を利用して、子どもの安全や養育を目指すものである。子どもの思いは聞きながらも、計画を執行する家族や専門職が「子どものために」何ができるかということである。現に、イングランド政府推奨のテキスト（国から FGC ファシリテーターの養成を委託されているファミリーライツグループのテキスト）によれば、ファミリーグループ・カンファレンスの目的の 1 つとして「何が子どもにとって最善かということを決めるため、家族の知識や経験を活用する」と書かれている（Ashley et al. 2006: 7）。すなわち、FGC は「最善の利益」の枠内で、家族や知恵や経験が求められている会議であ

る。最善の利益ということが聴かれる権利と相いれない場合があることは第4章で述べたが、この点はFGCの課題であり、アドボケイトがますます必要なのではないかと考えられる。

アドボケイトがプライベート・タイムに不在であった場合には、せめてFGCコーディネーターはFGC終了後に、家族プランがどのようになったかを丁寧に子どもに説明する。そしてアドボケイトが、子どもに対して家族プランなどに不満はないか尋ね、苦情を申し立てたい場合には支援するような仕組みが必要である。すなわち、聴かれる権利の5段階である「準備・聴聞・力の評価・フィードバック・苦情申し立て」が行われるように支援する必要がある。

第2の課題は、アドボケイトが参加可能であるプライベート・タイムの前後の時間でも、アドボケイトは「親責任を考慮しつつ、子どもの意見を保障する」(An advocate/supporter for the child/young person should ensure that the view of those with PR have been considered. Ashley et al. 2006: 95) という点である。

親責任（parental responsibility）とは「子どもとその財産との関係で当該子どもの親が法的に有するとされる全ての権利、義務、権限及び責任」(1989年児童法3条1項) というものである。つまり「保護者」に配慮しつつ、という意味になるだろう。アドボケイトの指針となっている「子どもアドボカシーサービス提供のための全国基準」では「基準6：アドボカシーは子どものためだけに行われる」と書かれている（DoH=2009: 179）。アドボケイトが子どもだけではなく、保護者への配慮も行うならば、この基準と一致するのか疑問が残る。

イングランド及びウェールズのFGCは、子どもの参加も目的（Ashley et al. 2006: 7）としながら、親責任をもつ者が「重要な意思決定者」(the key decision maker) だとされている（Ashley et al. 2006: 16）。

FGCの根本的な概念が親責任を重視しているため、親責任に配慮しながら子どもの発言をサポートせざるを得ないという枠組みである。すなわち、FGCにおけるアドボケイトとは、子どもが発言できるようにするための「介助者」のような位置づけであって、子ども主導でアドボ

カシーを行う「アドボケイト」に成り得ない体制にあるのではないだろうか。

　本章は、アドボカシーサービスの中心的な仕事の1つであるケース会議のアドボカシーサービスの活動について述べた。次章では、もう1つの中心的なアドボカシーサービスの活動である、苦情解決場面について述べる。

注

1) 子ども保護会議は、児童法47条による調査の結果を受けて行われる。この会議では、子どもの状況と親の養育能力について情報を共有し検討すると共に、今後子どもが虐待などの重大な侵害を受けることになるか、子どもの安全と福祉を確保するために必要な支援は何かということについて話し合われる。この会議には子どもの関係機関すべてが参加し、子ども自身、家族にも参加が促される。この会議の中で重大な侵害を受けるリスクがあるとされた場合には、子ども保護計画が作成される。

2) ファミリーグループ・カンファレンスは、日本でも研究が進んでおり、実際に神奈川県子ども相談所ではFGCに近い実践が始まっている（妹尾ら2010: 189）。

　イングランド及びウェールズでは90年代からFGCが開催され始めたが、司法省が裁判の早期処理を目指して作成した「公的法律概要」（Public Law Outline, 2008）によって、FGCを始める地方自治体が特に増加している（FRG 2009）。裁判手続きの前に、FGCなどを利用して地方自治体と家族が討議した記録を裁判所に提出することを定めたのが「公的法律概要」である。または裁判期間中にFGCの利用を促す場合もある。

　イングランドでは地方自治体の69％、ウェールズでは地方自治体の81.8％がFGCを行っている（FRG 2009: 4）。子どもに虐待など重大な侵害がある場合、家族と一緒に住むことができない場合、リービングケアの子ども、少年犯罪、反社会的行動、トラウマの症状がある子どものパーマネ

ンシープランニングのために、イングランド及びウェールズではFGCが利用されている（Ashley et al. 2006: 8）。
3) *Family Group Conferences: Principles and Practice Guidance.* 地方自治体からのFGCの主要委託先であるチャリティー組織のバーナードス、ファミリーライツグループ、全国子どもホーム（現在のアクションフォーチルドレン）が共同で作成した。
4) 子どもの参加を促進するために、コーディネーターや家族の配慮は今なお必要とされている。たとえばギルら（Gill et al. 2003）は、FGCの事前準備と子どもをアドボケイトにつなげるためにコーディネーターの役割が特に有益であると述べている。また、トーマスら（Thomas 2004; FRG 2004b-e）はアドボケイトだけではなく、全員が子どもの参加を保障するために何をすべきかを示している。
5) ローズら（Laws et al. 2007）は独立アドボケイトと家族サポーターの比較の調査を行っている。FGCを利用した10組の家族（総勢83名）、その家族に関わった独立アドボケイトや家族サポーター、コーディネーターなどから66名が質問紙とインタビュー調査に協力している。

第6章

苦情解決制度におけるアドボカシーサービス

はじめに

本章では、ケース会議に引き続き、アドボカシーサービスの中心的な仕事である苦情解決場面について述べる。とりわけウェールズにおける苦情の定義、苦情解決制度の歴史、仕組み、子ども参加、アドボケイトの役割、アウトリーチ型のアドボケイトの役割を明らかにし、章末に「権利代弁機能」の定義に照らして意義と課題について論じる。本章で、ウェールズを対象にしているのは、ウェールズは2000年の施設内虐待の調査勧告により、苦情解決制度の改善とアドボカシーサービスの普及に力を入れてきたためである。

1 苦情の定義・対象

福祉サービスを受けている子どもが、利用しているサービスについて苦情を申し立てることは勇気の要ることである。アドボカシーサービスは苦情申し立てを子どもの側に立って子どもの利益のために支援する。

本研究ではイングランド及びウェールズでよく使われる「complaints procedure」を、「苦情解決制度」という言葉で表現する。苦情解決制

度を規定した1989年児童法は、苦情のみを申し立ての対象とはしていない。「意見表明」（representations）が申し立ての対象であり、その中で「苦情」（complaint）も申し立てることができるという条文である（1989年児童法26条3項）。したがって厳密に言えば、苦情と聞いて思い浮かべるような「自分が他から害を受けている状態に対する不平・不満の気持。またそれを表した言葉」（新村2008：794）だけが法律上の手続きの対象になるわけではない。では、「意見表明」とは何を指すのであろうか。ウェールズの手続きに明記されていないが、同じ法律をもつイングランドの苦情解決制度の手引きには次のように記載されている。

> 意見表明は、いつも苦情であるとは限らない。地方自治体からの回答を要する前向きな意見や考えかもしれない。サービスが利用できるかどうか、その提供方法、あるいは性質についての批判ではない質問や意見が、意見表明を構成するかもしれない。たとえば、受けているサービスや住んでいる場所に関する意見や提案を、苦情解決制度という形ではなく、子どもたちが表明できるようにすべきなのである。　　　　　　　　　　（DfES 2006: 54）

ちなみに、法律上（1989年児童法26条3項及び24条D項）苦情解決制度を利用できるのは、社会的養護児童、ニーズのある子ども、リービングケアの子ども、それらの子どもの親、子どもの親責任をもつ者、すべての地方自治体の里親、または地方自治体が子どもの福祉において重大な利益があるとみなす者である。

2　苦情解決制度の歴史

　イングランド及びウェールズが福祉サービスの苦情解決制度を制定した背景には、1960年代末からの住民運動の高まりや消費者運動の影響があるとされている（橋本1993）。直接的に影響を与えたのは、1973年

マリア・コルウェル虐待死事件（詳細は第3章注1参照）であったという（橋本1993: 321）。そして1989年児童法の制定の際、初めて公式な苦情解決制度の権利が保障された[1,2]（WAG et al. 2009a: 15）。

しかしながら、90年代以降に苦情解決制度が子どもにとって利用困難なものであることを示す調査報告書が相次ぐことになる。それを象徴するのが、2000年に報告されたウォーターハウス卿による調査『ロスト・イン・ケア（*Lost in Care*）』（Waterhouse 2000）である。この報告は、北ウェールズにグウィネズ州（Gwynedd）とクリーイド州（Clwyd）という行政区域が存在した1974年から1996年の期間に起きた施設内虐待を中心とした調査だった。調査対象は施設だけで40ヵ所、里親宅も含み報告書は計4万3000ページにわたった。施設内で長い間続いていた性的虐待を含む激しい虐待が内部告発によって明らかになったことが契機となり、この調査が始まった。報告書は悪名高い施設を「沈黙のカルト」（"cult of silence"）と呼んだ。沈黙を強いる施設の風土により、ほとんどの子どもは苦情を申し立てることができなかった。苦情を申し立てるシステムが整っていないことを報告書は厳しく指摘した。この調査の勧告によって、ウェールズに子どもコミッショナーが英国で初めて設置されることとなる。子どもコミッショナーの果たす義務の中に、子どもの苦情解決制度、地方自治体のソーシャルサービスの内部告発手続き及びアドボカシーサービスの手配についてモニタリングすることが含まれている（Waterhouse 2000; CCfW 2003: 7）。ウェールズの子どもコミッショナーはソーシャルサービス分野の苦情解決や内部告発に関する調査[3]、教育分野の苦情解決制度[4]について、調査報告及び勧告を行っている[5]。

3　苦情解決制度の仕組み

ウェールズでは図6-1で示した手順を基に、地方自治体ごとに申し立て方法が定められている。基本的にはイングランドとも同様の流れである。この手順と調査期限などの管理と報告の責任を負っているのが、

図6-1　新ソーシャルサービス苦情解決制度

ステージ1──地域解決（Local Resolution）
地域のサービス提供者の処遇に対して苦情を申し立てる。地方自治体は稼働日の10日以内に問題解決のための初期対応をしなければならない。

↓
解決されない、または申立者が公式検討を求めたら
↓

ステージ2──公式検討（Formal Consideration）
申立者は苦情の公式検討を地方自治体に求める権利がある。これは通常調査であるが、たとえば調停のような他の形態をとることもできる。調査結果、結論、勧告を含む報告書が必ず作成される。このステージに移行することを求めてから25稼働日以内に、地方自治体は申立者に回答しなければならない。

↓
解決されなかったら
↓

ステージ3──独立審査委員会（Independent Panel）
申立者は審査委員会の聴聞により、未解決の苦情を検討してもらう権利がある。審査委員会のメンバーと管理運営は地方自治体から独立している。審査委員会は20稼働日以内に会議を開き、5稼働日以内に報告書を作成しなければならない。地方自治体は15稼働日以内にそれに対して回答しなければならない。

↓
解決されなかったら
↓

申立者は、地方自治体や独立審査委員会の行動や決定について、ウェールズ公的サービスオンブズマン（Public Service Ombudsman for Wales）に苦情を申し立てることができる。地方自治体の手続き段階が終了する前に、オンブズマンが苦情を取り扱う可能性もありうる。

出所：WAG 2005: 16

苦情担当主事（Complain Managers または Complain Officers）である。主に行政職員だが、福祉サービスの提供に関与していない。苦情解決を専門に担う職員である。苦情担当主事の他に多くの職種が手続きに関与している。職種については次ページの表6-1にまとめた。

以下では、『聴くことと学ぶこと——ウェールズ地方自治体ソーシャルサービスにおける苦情と意見表明の取り扱いの手引き』（WAG 2005）を基に、図6-1に沿って申し立て方法を説明する。

まずステージ1は地域解決と呼ばれ、非公式な手続きである。苦情担当主事が苦情を受け付け、子どもなど申立者に今後の手続きの流れについて説明する。苦情担当主事は子どもに分かりやすく説明することが重要である。その中で、アドボカシーサービスについても説明がなされ、必要な子どもはアドボカシーサービスを利用できる。苦情担当主事など苦情解決の関係者は子どもへの配慮をアドボケイトに依存すべきではないとされている。

苦情への対応は、サービス提供者の立場で適切な者が申立者と解決方法を話し合う。最後に地方自治体が申立者と同意した解決法を確認し、書面にする。この書面を苦情担当主事に連絡する。

ステージ1で解決しなければ、ステージ2の公式検討に進む。行政職員または外部委託された調査担当主事（Investigation Officer）によって調査が行われる。行政職員の場合は、地方自治体の福祉サービス提供のマネジメントを兼ねてはならないとされている。さらに独立パーソン（Independent Person）という、行政と苦情申立者から独立した立場の者も関わる。独立パーソンは調査方法について調査担当主事及び苦情担当主事と相談し、調査が公平に行われるよう助言する。独立パーソンは子どものアドボケイトとは異なる。

調査を終え、調査担当主事が最終報告書を独立パーソンへ提出する。独立パーソンはその報告書を読み、公平性を確認し、その報告書に意見を書く。その報告書を基に、子どもサービス全般の責任者が行政としての今後の対応について書面で示す。報告書には苦情に対する解決の手順と実施期限を盛り込み、苦情申立者に提出する。

表 6-1　苦情解決制度に関与する職種

名称	ステージ	仕事内容	所属
苦情担当主事	すべて	手続きの手順と報告期限などの管理と報告の責任を負う	・行政 ・福祉サービス提供しない者 ・<u>中立の立場</u>
アドボカシーサービス	すべて	子どもの苦情申し立て支援、または代弁を行う	・主にチャリティー組織 ・<u>子ども側に立つ</u>
調査担当主事	2	公式検討の調査を担当	・行政職員／外部団体に委託 ・行政職員の場合：地方自治体の福祉サービス提供のマネジメントを兼ねてはならない ・<u>中立の立場</u>
独立パーソン	2	調査方法について調査担当主事及び苦情担当主事と相談。調査が公平に行われるよう助言。調査報告書を読み、公平性を確かめ、その報告書に意見を書く	・行政と苦情申立者から独立した立場の者 ・<u>中立の立場</u>
独立審査委員会	3	申立者などへの聴き取りなど調査を行い、報告書を作成	・行政から独立した立場の3名で構成された審査委員会 ・<u>中立の立場</u>
ウェールズ公的サービスオンブズマン	最終	行政などの公的団体に対して市民の苦情を調査	・女王によって任命された者 ・<u>中立の立場</u>

ステージ２で解決されなかった場合は、ステージ３の独立審査委員会に進む。行政から独立した立場の３名で構成された審査委員会が調査する。調査結果と勧告を申立者及び関係行政担当課に提出する。聴聞に申立者が参加することができる。ここで、本人が望めばアドボケイトは申立者の代理で聴聞に応じる。

　ステージ３で解決されなければ、ウェールズ公的サービスオンブズマンへの相談または裁判に進むことになる。このオンブズマンとは行政などの公的団体に対して市民の苦情を調査する、女王によって任命された者である。

4　苦情解決制度におけるアドボケイトの利用

　社会的養護児童には、国の最低基準により、苦情解決制度の利用方法とアドボカシーサービスへの利用方法について伝えることになっている（WAG 2002: 2003a）。子どもコミッショナーの調査では、ウェールズのほとんどの地方自治体は、社会的養護児童の再検討会議において、子どもが苦情解決制度を理解しているかどうかを確認している（CCfW 2003: 13）。

　ピットハウスら及びクローリーら（Pithouse et al. 2005; 2008; Crowley et al. 2008）は、ウェールズの全地方自治体22ヵ所に、2003年から2004年の１年の間に寄せられた子どもサービスへの苦情の統計を収集し分析した。2004年時点でウェールズには社会的養護児童が4315名、ニーズのある子どもが１万名以上いたと想定されている（Crowley et al. 2008: 153）。この中で苦情を申し立てたのは総数611件であり、子ども自身で行った苦情申し立ては201件である。子ども自身が苦情解決制度の手続きを行った場合、アドボケイトの利用はステージ１で12％で、それ以外はアドボケイトの利用をせずに子どもだけで苦情手続きを行っていた。そのことから、ピットハウスとクローリーはアドボカシーサービスへのアクセスの問題点やアドボカシー提供団体の課題について述べている

(アドボカシー提供の課題は第 8 章を参照のこと)。

　この論文で考えさせられることは、子ども自身が行う苦情申し立てはステージ 1 の非公式な調査で終了することが多いということである。このウェールズの調査で、ステージ 2 に申請したのは 57 件で、親族が行う苦情申し立ては 40 件 (Pithouse et al. 2008: 136) であったという。つまり、子ども自身が行う苦情申し立てのうち、ステージ 2 に進むケースは 17 件である。

　ウェールズのアドボケイト養成テキストでは「ほとんどの苦情はステージ 1 で終わる。ステージ 1 で満足する者も多い。しかしステージ 1 の終わりに、子どもはただ脅されているように感じているかもしれない。勝つことのない無意味な争いをしていると感じるからだ。そのため、子どもはさらなる苦情を申し立てない」と指摘している (WAG et al. 2009a: 52)。すなわち、非公式の苦情解決で満足する子どももいるが、満足しているわけではなく、次のステージを諦める子どももいることを示唆している。

　ピットハウスら (Pithouse et al. 2008) は、地方自治体に苦情を申し立てた経験のある子ども 25 人へのインタビューを行った。その結果、「リーフレットやポスターに苦情申し立てについて書いてあったが子どもには詳しく分からなかったこと、地方自治体は苦情解決の記入書類を子どもに渡さなかったこと、そして苦情に対する回答が規定日よりも遅れた子どもが半数以上いること」が分かった。このような行政側の様々な問題があるため、子どもはおとなの支援を求めているという。基本的に子どもは、日常的には周りにいるおとなに支援してほしいという思いがあるが、公的な申し立てや施設の職員等と利害関係がある場合、アドボカシーサービスが子どもたちから求められている (Crowley et al. 2008: 155)。実際、ステージ 2 というより公的な申し立ての場合には、25% の子どもがアドボカシーサービスを利用している (Pithouse et al. 2008: 137)。

　この調査では、アドボカシーサービスへのアクセスが問題となっている。とりわけ問題になるのは、里親や家族と暮らしている子どもからのアクセスである。ウェールズの別の調査 (CCfW 2004) によれば、施設

入所中の子どもは頻繁かつ規則的にアドボカシーサービスとコンタクトをとっている。ウェールズでは、社会的養護児童のうち、施設入所中の子どもは約6%である。その他は里親や家族と暮らしている。里親委託児が苦情を自覚する前にどのように苦情解決制度やアドボカシーについて伝えるかが課題である（WAG 2004b: 12）。その他にもコミュニケーションが困難な子ども、第一言語が英語・ウェールズ語ではない子どもからのアクセスが課題となっている（WAG 2004b: 12）。

5　苦情解決制度におけるアドボケイトの役割

　この苦情解決制度自体が、子どもの聴かれる権利を保障するシステムの1つである。とりわけ、苦情担当主事をはじめ調査担当主事、独立パーソン、独立審査委員会など、直接福祉サービスを担っている職員と制度上距離がある、あるいは独立した人たちが手続きに関わっている。サービスから距離が離れているということは、彼らが客観性を保てること、そして苦情を申し立てる側も比較的アクセスしやすいというメリットがある。しかし、彼らの立場は公正中立であり、子どもの側に立つことはできない。

　何らかの福祉サービスを受けている子どもは、苦情解決制度を利用することによってサービス提供者（施設職員など）から報復を受けるのではないか（Wallis et al. 1998）、または苦情が真剣に扱われるのだろうかと心配しているという研究（Cashmore 2002）がこれまでもある。また、これまで述べたように苦情解決プロセスにおいては子どもを軽視した対応も見られている。そのため、子どもの側に立った支援を行うのがアドボケイトである。

　地方自治体での苦情受理の段階で、苦情担当主事は手続きの説明と共に、アドボケイトについての説明を子どもに対して行う。その結果、苦情解決制度の過程でアドボケイトの利用を本人が選んだ場合、アドボカシーの手引きによれば次のような支援をアドボケイトは行う。

①子どもが意見や願い、気持ちを表現できるよう支援する、または子どもの利益のために発言することによって、子どもをエンパワーする。②子どもと協力し子どもの同意のみに基づいて活動することにより、子どもが自覚している問題や心配ごとの解決を図る、③苦情解決制度のすべての段階で、情報、助言及び支援を提供することにより子どもを弁護する。④子どもに権利と選択肢を伝えることで、苦情と求める結果をはっきり自覚できるように支援する、⑤子どもがアドボケイトを選ぶ際の選択肢となる、そして／または素人のアドボケイトが利用できる支援を提供する。
（WAG 2004b: 15）

　このように子どもの同意の下で、子ども側に立った支援を行っている。この「同意のみ」ということだが、これはこれまでの研究で子どもが強く望んできたことである（Templeton et al. 1998; Crowley et al. 2008）。すなわち、意見が子どもの意図するところと異なっていたり、角が立たないように言い換えたりするのではなく、子ども自身の声が聴いてもらえるような支援が必要とされるのである。
　本人が苦情解決の申し立てを終了したら、質問紙にアドボカシーサービスの評価を書いてもらうなどして評価をもらう。その評価は、今後のサービス提供の改善に役立てられる（CCfW 2004: 13）。

6　苦情解決制度におけるアドボケイトの評価
——先行研究

　先に述べたように2003年から1年間で苦情解決制度を申し立てた子どもがアドボカシーサービスを利用した率は、ステージ1で12％、ステージ2で25％であり少ないと言われる。しかし苦情解決制度を経験した子ども25名（アドボカシーサービス利用は20名）を対象にピットハウスらが実施したインタビュー調査（Pithouse et al. 2005; 2008）では、子どもたちは次の諸点についてアドボカシーサービスを肯定的に評価して

いる。

1）独立アドボケイトが時間と資源、情報を与え、話を聴き、プロセスを通してサポートし、一緒にいてくれたこと。
2）実践的であるだけではなく、情緒的な支援であり「非常に貴重な支援」だったこと。
3）独立アドボケイトとの親しい関わりは、苦情解決制度の全体的な満足度の重要な決定要因だったこと。
4）行政によって苦情解決申し立てが進められるよりも、アドボケイトと一緒に苦情解決制度を進めることの方が子どもに強い印象を与えたこと。子どもの苦情を真剣に受け取ってもらうために、行政に対して積極的に働きかけるアドボケイトが印象に残っているという。
5）普段の生活で身近なおとなが アドボカシーをしてくれることはあるけれども、公的な申し立てや施設や里親と意見が合わない場合にはアドボカシーサービスは役立つと見られていること。
6）子どもがアドボケイトの守秘義務と独立性に高い価値を置いていたこと。

さらにウェールズのアドボケイト養成のテキストには、苦情解決制度で子どもはアドボケイトの次のような支援を評価したとしてまとめている（WAG et al. 2009a: 55）。

　①子どもの側に立っていること、②子どもの意見を信じていること、③もし子どもが願うのであれば、苦情の手続きをやり通せるように励ますこと、④子どもが解決に向けて力を発揮できるように手助けすることである。

このようにアドボケイトにアクセスできれば、徹底して子どもの側に立つ支援として、アドボケイトは子どもの支えになっているようである。今後いかにアドボケイトの存在を伝えてアクセスを改善するかが課題と

される。ピットハウスらの研究（Pithouse et al. 2005; 2008）では、苦情担当主事が重要な役割を果たすことを提案している。苦情担当主事は子どもが苦情申し立ての際に必ず接する人であり、この職員の支援に子どもたちは良い評価をしている。苦情担当主事には今後さらに子どもへの丁寧な説明や支援が求められる。と同時に、アドボカシーサービスを積極的に紹介していく役割が求められている。このことによって、アクセスの改善が期待される。

7　独立訪問アドボケイトの役割

　アウトリーチ型の独立訪問アドボケイトの支援は、「苦情」を認識する前から始まる。地方自治体がアドボカシー団体と契約し、その団体のアドボケイトが施設や里親宅に定期的に訪問する。これにより子どもと関係づくりを行い、心配ごとや問題をできる限り早く認識する。そして必要な場合には苦情解決申し立ての支援を行う（WAG 2004b: 12）。
　アクセスを待つという課題中心のアドボカシー（issue based-advocacy）だけではなく、アウトリーチを行う訪問型のアドボケイトも存在する。ボイス（Voice）やNYASといった大手アドボカシー組織は定期的に施設を訪問し、子どもと関係性を構築し、子どもたちが相談しやすい環境を作っている。
　ボイスによれば、社会的養護児童はアドボカシーサービスへのアクセスを、ケアしているおとなに頼っている。そのためアドボカシーサービスへのアクセスは、子どもの年齢、障害、コミュニケーション方法、自信のなさや孤独といった要因によってさらに妨害されるかもしれないと述べている（Voice 2013）。そのため定期的にアドボケイトが訪問することによって、子どもがアクセスしやすいようにしている。
　ボイスの独立訪問アドボケイトは児童ホームに2週間に1度、自傷他害の恐れのある子どもたちが入所し外出制限がなされているセキュアユニット（Secure Unit）という施設には1週間に1度訪れている。セ

キュアユニットは外部から遮断されているがゆえに、子どもはより弱い立場にいるため、頻繁に訪問するという。他にもボイスは、寄宿学校（residential school）や拘留中（custody）の子どもの施設を訪問している。施設には施設担当の独立訪問アドボケイトのポスターが写真付きで貼ってあり、子どもたちはそのアドボケイトに無料で電話をかけることができる（栄留 2014a）。

ボイス（Voice 2013）によれば、独立訪問アドボケイトは子どもがどんな権利をもっているのか、子どもはどのように扱われるべきなのか情報を提供する。それは時に施設を退所したいという願いが反映されるように子どもと会議に出席したり、専門職に働きかけたりもする。アドボケイトの目標は、子どもの声が聴かれ、子どもの権利が施設の中で支持され、子どもが地域に帰るときに安心して住むことができるように支援することである。

この独立訪問アドボケイトは私立（private）の施設とチャリティー組織が契約する場合、地方自治体とチャリティー組織が契約する場合の2つのパターンがある（Brady 2011: 25）。

8 苦情解決制度におけるアドボカシーサービスの意義と課題

前述した施設内虐待事件で生じた沈黙を強いる環境（「沈黙のカルト」）に抵抗するために、施設内職員のような内部のアドボケイトだけではなく、利害関係のない外部のアドボカシーのシステムが必要である。

公式な苦情解決の手続きを子どもが望まない場合、子どもが望めば施設等に意見を述べられるように支援する。または公式な苦情解決の手続きを行う場合にも苦情解決に関わる多くの行政担当主事たちのように「公正中立」ではなく、「子ども側に立って」支援を行う。なぜなら、苦情解決のシステムはおとなの苦情解決システムと同様のものであるため、子どもにとって手続きが複雑で十分な説明や子どもがどうすれば自己の利益につながるのかなどの支援がなければ、手続きを諦めたり、泣

き寝入りすることにつながるからである (WAG et al. 2009a: 52)。おとなと子ども、専門職と子どもの権力格差、知識格差がある中で、公正中立を掲げるということは構造として子どもを泣き寝入りさせることになりかねない。だからこそ、子どもの側に立って子どものアドボカシーを行う。その点に苦情解決におけるアドボカシーサービスの意義がある。

また、苦情解決制度において、興味深いのは「苦情」といっても意見表明の延長として苦情を捉えていることである。「意見表明」(representations) が申し立ての対象であり、その中で「苦情」(complaint) も申し立てることができるという条文である (1989年児童法26条3項)。そのことによって、苦情に限らずアドボカシーサービスを広く利用できるようになっている。

ただし、実態調査では常に子どもからのアクセスが少ないことが問題となっている。そのため子どもからのアクセスを待つのではなく、アウトリーチ型の独立訪問アドボケイトを政府は推奨している (WAG 2004b: 12)。子どもからのアクセスに関しては、独立訪問アドボケイトがその解決策になるのではないかと考えられる。独立訪問アドボケイトは私立の施設または地方自治体がチャリティー組織と契約し、その組織のアドボケイトが施設を定期的に訪問する。これにより子どもと関係づくりを行い、子どもの権利について伝え、苦情を認識する支援を行っている。また、子ども本人の意向に沿って施設側やソーシャルサービスに改善を求める支援を行っている。

特に興味深いのは、苦情解決に関わるアドボケイトも独立訪問アドボケイトも、子どもの権利を伝え、それによって苦情を認識するというプロセスを大事にしていることである。たとえば、アドボケイトの役割で述べたように「③苦情解決制度のすべての段階で、情報、助言及び支援を提供することにより子どもを弁護する。④子どもに権利と選択肢を伝えることで、苦情と求める結果をはっきり自覚できるように支援する」という部分である (WAG 2004b: 15)。それはアドボケイトの訪問と対話によって権利や情報を伝え、子どもが「いやだと思ってもいい」と認識できるようにしているのである。その上で、苦情解決手続きの際に情報

及び選択肢を伝え、子どもが主体的に選べるようにしている。

　このようにこれからも期待されるであろう独立訪問アドボケイトだが、訪問型のアドボカシーは政府が勧奨しているだけであり、法的に規定されているものではない。あくまで良い活動（good practice）として行われている。それゆえ地域によって提供が限られている。

　もう1点の重大な課題は、前述したように私立の施設の場合には直接施設からアドボカシーサービスに利用料金が支払われる点である。私立の施設からの資金によってアドボケイトが派遣されてくるのであれば、それは独立していると言えるのだろうか。この独立訪問アドボケイトの独立性の欠如という指摘は先行研究をみても言及されていない。その点は早急に見直しをすべきである。

　本章までは、アドボカシーサービスの活動内容について述べてきた。次章は、このアドボカシーサービスを担うアドボケイトの養成方法はどのようなものか、そしてその意義と課題を示す。

注

1) この制度の制定によって、「1991年意見表明（子ども）規則」(Representations Procedure (Children) Regulations 1991) が制定される。各地方自治体はこの規則に沿った手続きを制定し、1991年より実際に苦情解決制度を開始した。
2) その後1997年に労働党へと政権が交代し、リービングケアの子どもたちへの支援が注目された。彼らの支援を定めた2000年児童（リービングケア）法（Children (Leaving Care) Act 2000）により、苦情解決制度の対象がリービングケアの子どもたちにも広がった（改正1989年児童法24条D項）。
3) 『懸念を話すこと』(*Telling Concerns: Report of the Children's Commissioner for Wales Review of the Operation of Complaints and Representations and Whistleblowing Procedures and Arrangements for the Provision of Children's Advocacy Services*, CCfW 2003)。

4) 2005 年には『子どもは苦情申し立てをしない──親がする！』（*Children Don't Make Complaints? Parents Do!*, CCfW 2005）。
5) これらの調査勧告に伴い、苦情解決制度の規則「2005 年意見表明手続き（子ども）（ウェールズ）規則」（The Representations Procedure (Children) (Wales) Regulations）の変更、そして手引きの変更が行われた。ウェールズでは子どもとおとな分野を統合した『聴くことと学ぶこと──ウェールズ地方自治体ソーシャルサービスにおける苦情と意見表明の取り扱いの手引き』（*Listening and Learning?: A Guide to Handling Complaints and Representations in Local Authority Social Services in Wales*）を発行し、2006 年 4 月から改めて実施されている。

第**7**章
アドボケイトの養成方法

はじめに

本章ではこれまで述べてきたアドボカシーサービスの担い手であるアドボケイトがどのように養成されるのかについて明らかにする。アドボケイトの養成は、組織内で行われるか、または資格取得によって行われている。近年創設された資格制度は、アドボカシーサービスの理念が反映され、135時間の研修であるなど内容が充実している。そのため、資格制度を中心に養成方法を明らかにし、最後に「権利代弁機能」の定義に照らして意義・課題について述べる。

1 アドボケイト養成講座

イングランド・ウェールズでは、子どもを対象に働くアドボケイトのうち精神保健分野のアドボケイト(「独立精神保健アドボケイト」[1] Independent Mental Health Advocate: IMHA)を除いて、取得しなければならない資格はない。

養成講座は各チャリティー組織内、または後に述べる資格取得の講座で行われている。FGCのマニュアルによれば、FGCのアドボケイト

は過去に子どもに関わる仕事を経験しており、かつ研修(組織内)を1日から3日受講した者が望ましいとされている(Ashley et al. 2006: 46)。チャリティー組織内の養成講座では多くの場合、国連子どもの権利条約や児童法といった法的根拠をはじめ、アドボカシーの理論と実践について教えられてきた。一方、後述する新しい資格は135時間、1日6時間の研修だとして約23日の研修を受ける必要がある。子どもがアドボケイトから何を得られるのかを定めた『子どもアドボカシーサービス提供のための全国基準』(DoH 2002c; WAG 2003b)は養成講座で必ず習得すべきものとされる(FRG 2004a; Ashley et al. 2006; WAG et al. 2009a)。

2 「独立アドボカシー」の資格

「独立アドボカシー」の資格は、2つの職種が法定化されたことに伴って創設された。1つは、「意思決定能力を失っていて同意できない」成人(以下、おとな)を対象とした「独立意思決定能力アドボケイト」[2,3](Independent Mental Capacity Advocate: IMCA)、もう1つは精神保健法に該当するおとな及び子どもを対象とした「独立精神保健アドボケイト」である(DoH 2010)。これらのアドボカシーを行うには、資格の取得が必要である。[4]

この資格はまずアドボカシー理論について学ぶ「4つの必須ユニット」を履修する。その上で、精神障害やマネジメント、おとな、子ども分野から専門を1つ選択する仕組みになっている。

「独立アドボカシー」のカリキュラム
　○ 4つの必須ユニット
　　・独立アドボカシーの目的と原則
　　・独立アドボカシーサポートの提供
　　・独立アドボカシーの関係を維持する
　　・様々なグループのアドボカシーニーズに応じる

○以下から1つのユニット選択
　・独立意思決定アドボケイトの提供
　・独立精神保健アドボカシー
　・独立アドボカシーマネジメント
　・おとなへの独立アドボカシーの提供
　・子ども独立アドボカシー　　　　　　　（City and Guilds 2010）

　すなわち、子ども分野を専門にする者は、「4つの必須ユニット」及び「子ども独立アドボカシー」を履修する。「子ども独立アドボカシー」の資格は、ウェールズ政府のみが認定している。第3章で述べたように、ウェールズは新しいアドボカシーモデルの構築を進めており、その柱の1つにアドボカシーの質向上を掲げている。この認定はその一環である。この資格の中の選択ユニット「子ども独立アドボカシー」のみを養成講座として活用している団体もある。

3　選択ユニット「子ども独立アドボカシー」

　この選択ユニットは、養成テキスト作成の資金をウェールズ議会が提供し、作成支援を全国子ども精神保健監視支援サービス（National CAMHS (Child and Adolescent Mental Health Services) Support Services）という公的機関が行っている。多くのチャリティー組織[5]や先鋭的な研究者[6]、子どもたちによって書かれている（WAG et al. 2009a）。
　この養成講座では以下に挙げているように、アドボケイトの7つの到達目標（outcome）を定めている。

　①子どもに独立アドボカシーを提供する
　②子どもの権利促進のために、英国・欧州の法律及び国際法を活用する
　③アドボカシーサポートの依頼に応じる

④子どもが選択肢とその帰結を探求するのを支援する
⑤一連の会議と意思決定過程において子どもを支援する
⑥専門家と関わる
⑦子どもの安全を確保するために子ども保護システムを使う

　この講座の講師はこれらの目標達成に向けた講座を行う。本章末に到達目標の詳細（資料7-1）を添付している。これを見ることによって、アドボケイトに必要な知識の詳細が理解できる。以下は講師用テキストの目次である。到達目標を達成できるように構成されている（WAG et al. 2009b: 3）。

- 誰がアドボカシーを必要としているか
- 誰がよりアドボカシーを必要としているか
- 問題を明らかにすること
- アドボケイトは何をするのか
- 最善の利益と願い・気持ち
- チャーリーの最善の利益[7]
- セルフアドボカシーをサポートする
- 子どもに関わること
- 子どもはアドボケイトをどう思っているのか
- 守秘義務
- 実践における守秘義務
- 子どものために働く他の人々
- 裁判に出席する
- 再検討会議に出席する
- 悪夢の再検討会議
- 子どもの権利への個人的意見
- 国連子どもの権利条約を学ぶ
- 1989年児童法における権利
- 子どもの権利に関するクイズ

- 子どもに関する法律
- 精神保健におけるアドボカシー
- 苦情解決制度におけるアドボカシー
- 障害児のアドボカシー
- フィードバックを改善する
- アドボケイトは孤独か
- アサーティブネス
- 自己反省
- 関係の終結
- 終結のための準備

　この養成講座は、受講するだけではなく習熟度の評価がなされる。たとえば、評価者が受講者の仕事現場に出向いて観察をする、受講者のレポートを評価する、サービス利用者から評価を受けるなどである（WAG et al. 2009a: 10）。ケイト・マーシャー・トレーニング（Kate Mercer Training）ではこの資格を取る際に、福祉や保健サービス利用者がトレーナーまたは評価者として参加する。それは次のことが重要視されているからである。

　　アドボカシーとはまさに聴くことであり、個々の経験を尊重することである。アドボカシーを学ぶ上で必要不可欠なことの一つは、アドボカシーサポートを利用した人、または保健やソーシャルケアサービスを利用した人から直接聴くことである。
　　　　　　　　　　　　　　　　　　（Kate Mercer Training 2009）

　当事者の声から学ぶことは、子ども主導を掲げるアドボケイトの養成にとって極めて重要なことである。

4 アドボケイト養成方法の意義と課題

　本章では、ウェールズのアドボケイト養成方法について述べた。この養成方法では、FGC のアドボケイト養成などで行われるような 1 〜 3 日の養成講座ではなく、135 時間の講座が持たれる。演習形式で自己の価値や態度について振り返ることができる内容が組まれている点は意義深い。

　養成テキスト内容については、次の 2 点にとりわけ意義がある。第 1 に、養成講座において、子ども主導を学ぶ演習がある点である。ウェールズの養成過程はワークショップ形式で行われ、養成テキストに自分の考えや気持ちを書く欄がある。たとえば、子ども自身や子どものグループが行う「セルフアドボカシー」とおとなによる代理人型の子どものアドボカシーについて議論させるワークショップがある（WAG et al. 2009a: 19）。まず、セルフアドボカシーとおとなによる代理人型のアドボカシーについてそれぞれの利点を 20 個出し合う。その後に、「おとなが早めに代弁した方がいいと思う子どもはどんな子どもでしょうか。障害児や幼児はどうでしょうか」「おとなは子どもを代弁するのと、子どものセルフアドボカシーをサポートするのとどちらが容易ですか。そしてどちらが早いですか」「子どもが望む結果に至るためには、どちら（おとなが子どもを代弁するのと子どものセルフアドボカシーと――筆者補足）が効果的だと思いますか」という質問に沿って議論する。議論を通して、おとなである自分自身が知らず知らずのうちに、子どもの声を奪う可能性に気づけるかもしれない。基本的に座学ではなくワークショップ形式で行われるこの講座は、自分自身の価値観に気づく機会になるだろう。このような演習を行う養成講座は子ども主導を理念とするアドボケイトにとって極めて重要である。

　第 2 に、ウェールズの養成のテキストに「孤独」についての記述があることである。それは、先行研究で言われているように、アドボカシーは孤独な活動である。それに対応して、事前に養成課程で学んでいるこ

とは意義がある。アドボケイトは、ソーシャルワーカーなど専門職から軽視されたり批判を受けることがある。それゆえアドボケイトは活動する上で、「避けられない孤独」とストレスを感じている（Kendrick 2006）。養成のテキストには、アドボケイトが立場上、孤独とストレスを抱えやすいという文書があり、演習が行われる。孤独を抱えることがアドボケイトにとって「自然」だと認識しておくことがストレス減少につながるという（Henderson et al. 2001; Kendrick 2006）。

　同様に、子ども主導を目指すことは、他の専門職から理解を得るのが難しいということである。ダリンプル（Dalrymple=2011: 227）は「子ども支援のために設計されたサービスの中で、子どもの地位を向上するために子どもの側に立つ時に、このような態度に遭遇するのである」と分析する。他の専門職にすれば、アドボケイトの子ども側に立つという立ち位置を理解するのは難しいと述べる（Dalrymple 2005）。

　アドボケイトが受ける孤独について理解するための項目も養成テキストに明示することによって、専門職からの批判に耐えるための一助となることだろう。

　加えて、アドボケイトの孤立について検討する養成講座の時間と共に、アドボケイトへのスーパービジョンとインフォーマルなサポートも必要であるとされている（Henderson et al. 2001）。たとえばボイスやNYASでは月1回個別にスーパービジョンが行われ、ボイスではカウンセラーからグループカウンセリングを受けることもできる（栄留 2011e: 172）。NYASでは、ピアスーパービジョンを行っている（栄留 2011e: 172）。

　課題は、「エンパワメント」が養成テキストで取り上げられていなかったことである。子どもに対する様々な抑圧を認識するために、どのような抑圧があるのかを明記する必要がある。ただ、エンパワメントは、口頭で説明するのは難しく、各講座の中で、自らの子どもの時代や子どもとの関わりを振り返りながら、子どもへの抑圧を実感することができる演習があることが望まれる。その意味では、講師のファシリテート能力が試される。

　講座には「子どもの頃を思い出してみよう」という演習がある。「子

どもの頃、親や養育者があなたの意見を聴くことなく決め、「それがあなたのためだったから」と言われたことはありますか」という質問がある。その質問に対して「1) その時、その決定に関わることができなかったことをどう感じましたか。2) なぜその決定がなされたのか理解できましたか」と聞いている。これは最善の利益と子どもの思いとの違いに気づく演習である。この設問に答え、自分の経験や他参加者の意見を聞きながら、子どもへの抑圧に改めて気づくだろう。

　本章では、アドボケイトの養成方法から意義と課題を見出した。次章では、養成後のサービス提供にまつわる方法や課題について述べる。

資料 7-1　独立アドボケイト養成の到達目標

到達目標１　子どもに独立アドボカシーを提供する
　評価基準：志願者は次のことができる。
1.1　どのグループの子どもがアドボカシーサポートにアクセスしているかを分析する。
1.2　子どもアドボケイトの役割と責任を分析する。
1.3　子どもに共通した一連のアドボカシー問題を見極める。
1.4　共通したアドボカシー問題の範囲に応じる。
1.5　実践上、子どものアドボケイトが直面する一連のジレンマを認識する。
1.6　実践上のジレンマに対応する。
1.7　子どものセルフアドボカシーを支援する。
1.8　子どもが自分の願い、気持ち、望む方策を伝えるのを支援するために、技術を選択し適用する。
1.9　「最善の利益」と「願いと気持ち」を見分ける。
1.10　サービスと実践者の在り方を決定する関係基準を選択し適用する。
1.11　子どもと話し合うための様々な方法を使う。
1.12　行動、情緒的状態、気持ち、自信、ジェンダーのコミュ

ニケーションへの影響を認識する。

1.13 アドボカシー関係が終わるとき、前向きな終わり方にする。

［範囲（Range）］

- **グループ**：障害児、社会的養護児童、ケアリーバー、ニーズのある子ども、精神保健ニーズのある子ども、セキュアユニットにいる子ども
- **共通するアドボカシー問題**：苦情、ミーティングへの参加、サービスへのコンタクトやアクセス
- **基準**：国の子どもアドボカシーサービス提供最低基準を選択し適用すること
- **手法の多様性**：言語的及び非言語的コミュニケーションを含む多様なコミュニケーション方法

到達目標2　子どもの権利促進のために、英国・欧州の法律及び国際法を活用する

評価基準：志願者は次のことができる。

2.1 子どもに影響のある法律とガイダンスの、**基本方針**とその効力を簡潔に説明する。

2.2 保護と権利の範囲を確認するため、1989年と2004年児童法を使う。

2.3 子どもの権利を促進するために様々な機会を活用する。

2.4 要求する資格がある権利を若者に説明する。

2.5 権利を要求する戦略により、若者をエンパワーする。

［範囲］

- **基本方針**：1989年と2004年児童法、子どもの権利条約、ワーキング・トゥギャザー、1998年人権法を含む一連の基本方針

到達目標3　アドボカシーサポートの依頼に応じる

評価基準：志願者は次のことができる。

3.1　子どもアドボケイトに照会できる人々（people）を認定する。

3.2　子どもにやさしい照会プロセスを実施する。

3.3　一連の支援サービスへ照会する。

［範囲］

- 人々：子ども、親、養育者、ソーシャルワーカー、独立ケース再検討主事
- 一連の支援サービス：カウンセリング、ソーシャルサービス、職業ウェールズ（Careers Wales）、ユースサービス、住宅協会など＋少年非行チーム

到達目標4　子どもが選択肢とその帰結を探求するのを支援する

評価基準：志願者は次のことができる。

4.1　子どもサービス及び倫理的法的権利を確認するため、英国、欧州の法律を利用する。

4.2　子どもを個人として扱い、彼らの好む選択を受け入れる。

4.3　子どもがインフォームドチョイスをするために、アドボケイトは情報にアクセスする。

4.4　利用しているサービスについて苦情または意見表明を申し立てたい子どもを支援する。

4.5　子どもが行う選択が短期的、中期的、長期的にどのような結果をもたらすことが予測されるのかについて、子どもが理解できるように支援する。

［範囲］

- 苦情：地方自治体苦情解決制度の段階（1989年児童法の下での）及び交渉から裁判所審査までの一連の選択範囲

到達目標5　一連の会議と意思決定過程において子どもを支援する

評価基準：志願者は次のことができる。

5.1　一連の**会議**の目的と機能を説明する。

5.2　一連の会議の中での、独立アドボケイトの役割を簡潔に説明する。

5.3　一連の会議に出席する。

5.4　子どもが一連の会議に出席するのを支援する。

5.5　会議で子どもの代理として話す。

5.6　一連の会議で子どもの声が聴いてもらえるように支援する。

5.7　子どもが一連の会議の成果を評価するのを支援する。

［範囲］

- **会議**：法定の再検討、子ども保護会議、FGC、苦情解決申し立てと苦情の会議など

到達目標6　専門家と関わる

評価基準：志願者は次のことができる。

6.1　子どもアドボケイトの役割を**関係者**に説明する。

6.2　子どもがよく接触する一連の**サービスと制度**を簡潔に説明する。

6.3　意思決定に責任のある専門家へ子どもの意見や願いを代弁する。

6.4　子どもを支援する**関係者**の役割と責任を簡潔に説明する。

6.5　子どもに専門用語とその使い方を説明する。

［範囲］

- **関係者**：子ども、ソーシャルワーカー、里親、地方議員、居住施設スタッフ
- **サービスと制度**：ソーシャルサービス、保健、教育、少年司法
- **支援関係者**：ソーシャルワーカー、裁判官、保護者、児童思春期精神保健サービスのワーカー、独立ケース再検討主事、パーソナルアドバイザー

> **到達目標 7　子どもの安全を確保するために子ども保護システムを使う**
>
> 評価基準：志願者は次のことができる。
>
> 7.1　保護委員会の役割を説明する。
>
> 7.2　地域の子ども保護手順を簡潔に説明する。
>
> 7.3　守秘義務を解除して情報開示をすることが適切なのはいつか認識するために、子ども保護の手続きを用いる。
>
> 7.4　虐待の発覚や懸念に対応する。

出所：WAG et al. 2009a: 7-9

注

1)「独立精神保健アドボケイト（IMHA）」は、精神保健法に該当する患者を対象にしたアドボケイトである（DoH 2010）。法的権利を患者が理解し行使するために救済とサポートを行う。このアドボケイトは、精神科病院で拘束されているなどの条件下にいる子どもも対象となる（WAG et al. 2009a: 69）。2007 年に改正精神保健法によって制定された。

2) 菅（2010a: 45-46）は IMCA を次のように説明している。

「イギリス 2005 年意思決定能力法において、①「重大な」医療行為（例 抗癌剤の使用、癌の摘出手術、腕足の切断、視覚や聴覚を失う恐れのある手術、不妊手術、妊娠中絶など）を施す／中止する／中断する必要があったり、②病院、介護施設に入所（28 日以上の長期にわたって）、あるいは入居施設に入所（8 週間以上の長期にわたって）させる必要がある場合、本人が意思決定能力を失っていて同意できない状態にあり、かつ、本人の意思決定を支援したり本人の意思や利益を代弁してくれる家族や友人がない場合、そうした人々の権利擁護のため、「第三者代弁人 IMCA」サービスが用意されている。2005 年意思決定能力法（Mental Capacity Act 2005）によって制定されたものである。」

3) IMCAにはさらに上のレベルの資格「Level 3 Diploma in Independent Mental Capacity Advocacy - Deprivation of Liberty Safeguards」も新設された。この取得には170時間の講座を受ける必要がある。
4) これらの資格はシティ・アンド・ギルズ（City & Guilds）という民間の職業訓練団体が、イングランド保健省とウェールズ議会政府と協働して創設した。国家資格ではなく「資格と履修単位の枠組み」（The Qualifications and Credit Framework）という種類の資格である。これは英国及びEU圏内において、取得資格と単位の信頼性を認定するものである。
5) ジグソーフォーユー（Jigsaw4U）、ボイス、全国青年アドボカシーサービス、トロスガナル、文化と健康（Culture and Health）。
6) ジェーン・ダリンプル、グレン・マクレーン、マウレーン・ウィン・オカレイ。
7) チャーリーの事例から、最善の利益をとらないアドボケイトの役割を理解する。

第**8**章

アドボカシーサービス提供システムの方法と課題

はじめに

　本章では、前章で述べたアドボケイトの養成後、アドボカシーサービスはどのような仕組みで提供されるのか、そしてその課題は何かを、先行研究から明らかにする。第4章で示したアドボカシーサービスの理念とは裏腹に、その提供方法には多くの課題がある。本章では、行政とのサービス水準契約・資金調達・運営体制・守秘義務の在り方に関する問題、アドボカシーサービス提供対象の限定問題を取り上げ、その課題を抽出する。その一方で、それらの制度化に伴う問題を改善しようとするネットワークもある。最後に、そのネットワークについても述べる。

1　チャリティー組織と行政の委託契約

　イングランド及びウェールズでは2002年養子縁組・児童法改正により、地方自治体にアドボカシーサービスを提供する義務が課された。2003年の調査（Oliver 2008: 30）によれば、地方自治体が直接的にアドボカシーサービスを行っているのは23％で、76％はチャリティー組織が地方自治体からの委託を受けて行っている。

主なチャリティー組織は、ボイス（Voice）、全国青年アドボカシーサービス（NYAS）、チルドレンズ・ソサエティ（The Children's Society）、バーナードス（Barnardo's）、トロスガナル（Tros Gynnal）などである。これらのチャリティー組織は行政からの独立性とアドボカシーの専門性を持った団体として自治体のアドボカシーを支えている。どのチャリティー組織がアドボカシーサービスを受託するかは、競争入札によって決定される。選ばれたチャリティー組織は地方自治体とサービス水準契約（Service Level Agreement）を結ぶ（DfES 2004a）。この契約はチャリティー組織が地方自治体からアドボカシーサービスを受託する際に、提供するサービスの内容と範囲、質に対する達成水準を明確にして、それが達成できなかった場合のルールを含めて、あらかじめ合意しておくことである。契約期間は主に1年から3年間である。行政と契約した内容は、基本的に行政の資金で賄われる。大手のチャリティー組織には、自己資金と行政からの資金の組み合わせによって運営している団体もある。

2　行政とのサービス水準契約

　任意のサービスであったアドボカシーサービスの設置が政策上、義務化されたことは、どの地域でもアドボカシーサービスが提供されているという点で意義がある。しかし、同時に行政とのつながりが問題を生んでいる。アドボカシーサービスの意義の1つは制度から独立しているがゆえに、既存のシステムへの苦情や懸念を子どもたちが話しやすくなり、最善の利益原則と離れて子ども主導を目指すことができる点である。
　しかしながら、制度化によって独立性を保つことが困難になってきている。アドボカシーサービスは各地域、または全国的なチャリティー組織が提供するか、地方自治体が直接提供するかのどちらかである。地方自治体は前述のようにサービス水準契約を結ぶことにより、アドボカシーサービスをチャリティー組織に委託する。このサービス水準契約は、サービス提供制度からの独立性を維持しつつ、制度の中にアドボカシー

を効果的に位置づけるためのものであると言われてきた。さらにサービス水準契約によって測定可能な目的、アドボケイト役割の明確化、そして子どもがサービスから期待できる守秘義務のレベルを設定できるとする肯定的な意見もある（CCfW 2003）。その一方で、地方自治体からサービス内容についての制限を受けると非難する声もある（Pithouse et al. 2008）。

3　資金調達の在り方

　資金調達の在り方が、独立性を保つことをさらに困難にしている。地方自治体との委託契約を通して多くの財源を賄っているアドボカシーサービスにおいて、公費に依拠しない経営体制をとっている組織は稀である（Oliver 2008）。独立性の観点から、運営資金を行政から得た資金のみで賄うことは問題である。大手のチャリティー組織であるボイスや全国青年アドボカシーサービスなどは、外部の財団からも資金を集め、行政委託の事業と共に独自のアドボカシー事業を行っている。しかし小規模の組織は資金不足のために、行政に依存している。

　イングランドのアドボカシーサービスに関する調査（Oliver 2008）によれば、アドボカシーサービスの半数以上がすべての運営資金を地方自治体から得ている。このような状況下では、委託元である地方自治体からの独立性を維持し続けるのに多くの問題があると推測される。ウェールズにおける調査（Pithouse et al. 2008）は、「地方自治体の資金に依存しているアドボカシー提供団体は、ほとんどあるいは全く独立性を保っていない」と指摘している。一方でオリバーら（Oliver et al. 2006）のように「アドボカシーサービスを、自分たちが行っているサービス提供の一部だと認識している地方自治体がある一方で、役割と組織運営を明確に区別することによってアドボカシーサービス提供団体の独立性を保護している地方自治体もある」という解釈もある。資金問題だけではなく、地方自治体のオフィスの立地、運営・スーパービジョン体制、参加

の文化によって、独立性は強められたり弱められたりしているという（Dalrymple 2011: 222-223）。

4　運営体制の在り方

　地方自治体とアドボカシーサービスを委託しているチャリティー組織との契約が短いことが問題になっている。ウェールズの調査（Pithouse et al. 2008）では契約期間が数ヵ月ということもあるという。ピットハウスらは、アドボカシーは電化製品のように「プラグをさしてすぐに始める」という類のものではないと指摘する（Pithouse et al. 2008: 143）。スタッフの採用、トレーニング、子どもとの信頼関係の構築などアドボカシーを行うには時間が必要である。

　資金面では地方自治体と契約しているが、運営資金が不足しているという。ウェールズの調査では、ほとんどのサービス提供者が資金不足が課題だと述べている（Pithouse et al. 2008: 140）。イングランドの全国調査（Oliver et al. 2006: 13）では、資金不足が原因でアドボカシーサービス事業を1名で行っている組織があるという。このような組織は、孤独とストレスを抱え、時間とスキルが限られるため不十分なサービスになっていると指摘されている。資金はアドボカシーサービスの持続性、独立性、平等なアクセス、仲介機関との協働を行っていく上で必要である。

　これまで1～3節で挙げた問題は、サッチャー政権以降の新自由主義路線による、チャリティー組織の役割の拡大にも関係しているようである。アドボカシーサービスだけではなく、チャリティー組織をめぐる社会的な問題である。

　政府が競争原理や「バリュー・フォー・マネー」（Value for Money）という新自由主義の路線をとったことで、チャリティー組織の役割は大きくなったが、同時に政府からの助成ではなく競争原理の上に立つ契約になったということも影響している。

5　守秘義務をめぐる問題

　独立性と守秘義務の関係について述べる。アドボカシーサービスが高い守秘義務を維持できない背景にはやはり政府との契約があるためである。とりわけ、地方自治体からの独立性を資金調達の在り方が規定しているということは、守秘義務のレベルにも密接に関連している。守秘義務の限界があるがゆえに子どもがアドボカシーサービスの利用を控えるという問題がある（Wattam 1999; Dalrymple 2003）。

　一方で、イングランド及びウェールズのアドボカシー団体の中でも、行政と契約していない団体、例をあげれば社会的養護当事者団体（ピアアドボカシー）として著名なボイス・フロム・ケア（Voices from Care）は子どもからの秘密を守ることを100％保証している（河原畑 2011: 191）。このように、行政との契約を結ぶことによって、守秘義務を保持できないという課題が生じている。

6　アクセスとサービス提供対象者の限定問題

　アトキンソン（Atkinson 1999: 22）は「大抵の子どもがほとんどあるいは全くアドボカシーにアクセスしていない。知的障害や学習障害（children with literacy difficulties）があり、文字を書いたり電話を使うことができずほとんど、あるいは全く話すことができない子どもたちはとりわけそうである」と指摘している。その他にも第一言語が英語・ウェールズ語ではない子どもからのアクセスが課題となっている（Pithouse et al. 2008: 12）。

　アクセスが問題になっているのは、アドボカシーサービスの政策の不備、人材や資金不足があるようである。政策について言えば、ウェールズはすべての子どもをアドボカシーサービスの対象にしている一方で、イングランドは、法律上、社会的養護児童の苦情解決に関する支援に

限っている。そのため、社会的養護ではない障害児に対応するアドボカシーサービスが不足している。

チルドレンズ・ソサエティの調査（Mitchell 2007）によれば、回答があったアドボカシーサービスのほとんどが実際に障害児のアドボカシーを行っているが、その4割は社会的養護かリービングケアの障害児であること、地方自治体の契約に障害児が含まれていないことがあること、約半数のアドボカシー団体が「言葉を話さない障害児」へのサービスができないと答えていることが明らかになった。この調査結果から、障害児のアドボカシーサービスへのアクセスは「非障害児」に比べて困難であり、そこには障壁があると結論づけている。

7　アドボカシーサービス提供システムの課題と社会運動

アドボカシーサービスの課題として主に挙げられているのは、行政から財源を得ていたり、行政と契約を交わすこと、不十分な財源などのシステム上のことである。そのことによって、アドボカシーサービスの独立性の欠如、守秘義務や利用対象者の制限などが生じている。これらの問題は独立したアドボカシーサービスの存在意義に関わる重大な問題である。

英国の新自由主義の核心的な事項は、競争とバリュー・フォー・マネーである（Ferguson=2012: 111）。これにより、アドボカシーサービスを提供するチャリティー組織だけではなく、チャリティー組織全体が競争入札を経て行政とサービス水準契約を結ばなければならなくなった。そのことによって、「政府との契約への従属は、これらの多くの組織に「ミッションからの逸脱」をもたらしている」という（Ferguson=2012: 113）。そして新自由主義のバリュー・フォー・マネーの概念は全国基準の中にも反映されているように考える。10基準の最後の1つに「基準10：アドボカシーを効果的に運営し、資金を有効活用する」があるためである。

「効率的な運営」は、資金が潤沢に用意されていない中で無駄を省き、子どものために時間や資金を投入するために必要な概念である。しかし、効率的な運営になればなるほど、時間と労力を要する障害児や幼児へのアドボカシーを十分に行うことが困難になる。それゆえ、子どもの声を聴くために全国基準が「時間と労力をかけること」が重要だと述べていることと矛盾が生じる。障害児や幼児だけではない。虐待等の抑圧された環境にいた子どもたちが自分の気持ちを話し、民主的な意思決定に関与することは時間と労力がかかることである。時間と労力がかけられなければ、アドボケイトは子どもの声を十分に聴かないままに代弁する活動になる可能性がある。現にこの懸念は、障害児へのアドボカシーサービスの提供が少ない状況と関係している。

しかし筆者はアドボカシーサービスが制度に完全に組み込まれているとは思えない。システムアドボカシーによって、制度化に抵抗しようとしているという点も見なければならない。これらのシステム上の課題を挙げる研究者たちは、アドボカシーサービスがその「制度化」に抵抗しようとしている点を、ダリンプル（Dalrymple=2011）を除いて言及していない。

アドボカシーサービスに関するチャリティー組織は「権限ある機関とのネットワーク化」と「政策提言」によって問題を改善しようとするシステムアドボカシーも行っている。この点はもっと言及され、評価されるべきものである。

どのようなシステムアドボカシーを行っているかを以下に挙げていきたい。まず、権限をもつ独立機関である子どもコミッショナーとの連携と政策提言である。子どもの権利と利益を促進するという特別な権限をもつ、独立した政府組織（イングランド、スコットランド、ウェールズ、北アイルランド）の子どもコミッショナーは、アドボカシーを維持活性化するための重要な役割を担っている。前述したウェールズの施設内虐待事件調査の勧告によって、ウェールズに子どもコミッショナーが英国で初めて設置されることとなった際、コミッショナーの果たす義務の中に、子どもアドボカシーの手配についてモニタリングすることが含まれた

(Waterthouse 2000; CCfW 2003: 7)。このことによって、子どもコミッショナーはアドボカシーの状況確認やアドボカシーの利用促進、政策提言を行うようになった。

　イングランドの子どもコミッショナーは、アドボカシーのネットワーク団体である全国子どもアドボカシー協議会（The National Children's Advocacy Consortium）と共に、アドボカシーサービスの現状把握の調査と、政策提言の青写真を作成している（Brady 2011）。

　加えて、アドボカシーサービスのサポートネットワークが存在する。1つは、子どもの権利とアドボカシーサービスを戦略的に発展させるために団体間の協力を促進することを目的とする、全国子どもアドボカシー協議会である。全国子どもアドボカシー協議会は、子どもの権利とアドボカシーサービスの発展を促進するために協働することを目的とし、子どものための多くのチャリティー組織と全国のアドボカシーサービス提供団体とで構成されている。2点目の横のつながりは、行政内に所属する子どもの権利擁護主事とチャリティー組織のアドボカシー団体のためのネットワーク「子どもの権利擁護主事とアドボケイト」（Children's Rights Officers and Advocate: CROA）で、幅広い地域でその会員にネットワーキング、サポート、研修等を提供している。

　他にも、サービス利用者グループとの連携をもとにアドボカシーを展開するネットワーク「アドボカシーのためのアクション」（Action for Advocacy: A4A）ならびに「アドボカシー資源交換」（Advocacy Resource Exchange: ARX）という、利用者グループとの連携をもとにより良い実践の促進と情報共有を目的とした団体もある。

　このような同業者、サービス利用者団体、権限をもつ機関との連携によって、政策提言を行うシステムアドボカシーとサポートネットワークの運動がある。制度化による制限、ジレンマに悩みながらも、改善しようとするシステムアドボカシーは極めて重要な取り組みである。ダリンプル（Dalrymple=2011: 233）はアドボカシーサービスの現状について次のように述べている。

資源は制約を受けたとしても、政府の子どもの権利を支持する意向の下で、大きな組織の運動により、すべての子どもの擁護者として、また子どもの声と組織を促進するための手段として、独立アドボケイトは継続されなければならない。アドボカシーの起源はNGOとサービス利用者の運動にあり、両者とも平等、公正、社会正義を促進してきた歴史がある。アドボカシーと参加の文化は子どもサービス内に存在するが、この文化を維持し将来の子どもサービスの基礎として強化されていくようにすることがアドボケイト、NGO、利用者運動の役割である。

　前述した多くの課題によって、アドボカシーサービス全体が課題であると断定するのではなく、その問題に対して継続して運動を行っていることも事実である。また、ダリンプルのこの指摘から分かるように、まさにアドボカシーやNGOは社会運動である。制度化に組み込まれない運動をさらに発展させる必要があるだろう。
　これまで、イングランド・ウェールズのアドボカシーサービスについて制度や実施方法について述べてきた。次章からは、これらを踏まえて、日本への示唆を考えていくこととする。

注
1）2007年のチャリティー委員会によって出された約4000のチャリティー組織の調査によれば、これらのチャリティー組織の3分の1が80％かそれ以上もの収入を資金提供者から受け取っている。また、公的サービス提供のすべての資金契約の3分の2は、1年またはそれ未満になっている。

第9章

アドボカシーサービスの意義と課題
　　──日本への示唆

はじめに

　本章では、これまでの各章の議論を整理し、日本における外部アドボカシー導入による「子どもの権利代弁機能」の制度化への示唆を述べる。整理にあたって、第2章で行った子どもの権利代弁機能の定義、すなわち「子どもの権利代弁機能とは、①独立した第三者が、②子ども主導の原則、③エンパワメントの原則に立って、④子どもの聴かれる権利の行使を支えることである」を準拠枠とする。

1　独立した第三者

1.1　独立性に関する意義と日本への示唆

　先述のように、アドボカシーサービスが制度化された背景に、北ウェールズで起きた施設内虐待事件があった。そこでは、沈黙を強いる施設の風土により、ほとんどの子どもは苦情を申し立てることができなかったことが明らかになっている（Waterhouse 2000）。そのため、組織の権力によって虐待が生じ、救済を求めることが困難な場合には、利害関係のない独立した第三者による外部のアドボカシーシステムが必要と

された。

　先述したアドボカシーサービスの全国基準の冒頭の詩「自分の人生の外側にいること」にもあるように、子どもは声を上げずに諦める場合があることが分かる。

　　自分の人生の外側にいるので、どんな風に世話をしてもらいたいか言うこともできない。私はただ諦めてそれを受け入れるしかない。私が今どうしたいか誰も知らない。　　　　　（DoH=2009: 165）

この詩を書いた社会的養護児童のヘレンは「あやつり人形」のように家に連れ戻されたり、「幼い子どもなので自分で考えたり感じたりすることができないと思われていた」ということも書いている。
　日本でも、児童養護施設入所経験者たちの手記（「子どもが語る施設の暮らし」編集委員会編 2003;『施設で育った子どもたちの語り』編集委員会 2012）によれば、子どもたちが同じような思いを抱えていることが窺える。以下に4名の施設経験者の声を引用する。

　　ある日、朝起こされて、いきなり車に乗せられて、職員に「三日で戻ってこられるから」と言われて、一時保護所に連れて行かれました。それなのに、一時保護所に着いたら、「一ヵ月は帰さない」と言うんです。〔中略〕僕の方も「こいつには何を言っても無駄だ」と諦めているので、理由を問いただしたりする気持ちにもなりません。　　　　　　　　　　　　　　　　（久保田 2003: 107）

　　いじめのことで職員とか、だれかに相談しませんでした。言ってもしょうがないし、職員もみんな頼りなさそうですから。
　　　　　　　　　　　　　　　　　　　　　　　　　　（矢野 2003: 92）

　　上級生からのイジメもありました。職員に言っても取り合ってもらえないので、我慢するしかなく、とても辛い生活だったこと

を思い出します。 　　　　　　　　　　　　　　（小林 2012: 16)

　"ルールを破ると怖い"ということを体が理解していたので、ルールを破るということすら考えたことがなかったですし、〔中略〕お菓子やおもちゃがほしいと願うことはあっても、声を出す前にあきらめていたので、泣き叫んだりすることもねだったりすることもなく、それほど手がかからなかったんじゃないかと思います。 　　　　　　　　　　　　　　　　　　（あらい 2012: 39)

　ヘレンが述べたように社会的養護児童が「あやつり人形」として扱われるうちに何を言っても無駄だという気持ちになって諦めてしまう、あるいは職員の「頼りなさ」によって諦めてしまうことが窺える。もちろん、手記を書いた施設経験者（「子どもが語る施設の暮らし」編集委員会編 2003;『施設で育った子どもたちの語り』編集委員会 2012）には、施設職員に感謝している人も多くいる。ただ、施設経験の中で、日本にもこのような思いを抱えている人たちがいる[1]。

　イングランド・ウェールズの先行研究では、苦情解決の場面で、ピットハウスら（Pithouse et al. 2008）の調査では、子どもから「普段の生活で身近なおとながアドボカシーをしてくれることはあるけれども、公的な申し立てや施設や里親と意見が合わない場合にはアドボカシーサービスは役立つと見られていること」や「子どもがアドボケイトの守秘義務と独立性に高い価値を置いていたこと」が述べられ、独立性の意義が示されていた。

　第4章で述べたように、アドボカシーサービスの最低基準を示す「全国基準」には「アドボカシーは子どものためだけに行われる」と規定され、独立性の確保について主に述べられている。独立性を示すために、①委託団体ではない団体が担う、②独立性の確保のために潜在的な葛藤がどこにあるのかを示す、③誰が監視するのかを明確にする必要があるという。また、④アドボケイトの態度や⑤立地も、独立性を示すために必要な要素であることが分かった。

日本で「独立した第三者」を確保するためには、イングランド及びウェールズにおけるチャリティー組織のような、行政・施設とは別の独立した組織が運営するべきである。そして行政及び施設との契約内容及び資金の出所を厳密に検討すること、またアドボケイトの振る舞いや、学校や行政・施設と同じ敷地にアドボカシーサービスを置かないことにも配慮する必要がある。

　これらは独立性を示す上で重要な要素であるため、日本でもアドボカシーサービスの最低基準を作った場合にはこれらの要素を盛り込む必要があるだろう。

1.2　独立性に関する課題と日本への示唆

　第1に、運営資金を行政から得た資金のみで賄うことは独立性に反するということである。第8章で述べたように、アドボカシーサービスの多くが行政からのみ資金を得ていることが問題となっていた。さらに、独立訪問アドボケイトの場合は法的根拠がない国の推奨事業である。それゆえ、私立の入所施設を運営する法人からアドボカシーサービスに利用料金が支払われている。この場合も、独立していると言えないのは明らかである。他の外部の財団等から基金を得る必要がある。

　日本で考えられるのは、地域型のアドボカシーサービスについては、新たに創設する必要があると思うが、訪問型のアドボケイトについては、現在多くの施設が任命している第三者委員の活用が考えられる。ただ、第2章で述べたように、第三者委員は施設からの任命を受けた者であるため、独立した存在とは言えない。よって、任命方法や仕事内容を見直し、施設への定期訪問を行うことができる可能性はあるように考える。また、チャリティー文化が根付いていない日本では外部の基金での運営は期待しにくいと考えられる。行政からのみの資金で運営する場合は、独立性の確保のために潜在的な葛藤がどこにあるのか（基準6）について明示する必要がある。

　第2に、独立性の観点から、行政と契約を結ぶということが、独立性に反しないのかという指摘である。こうした行政との契約は、ケースア

ドボカシーに偏ることになり、その結果、制度及び政策に影響を与えることを目的としたシステムアドボカシーが疎かになっていることが指摘されている（Pithouse et al. 2005）。第8章で述べたように、制度化による制限、ジレンマに悩みながらも、改善しようとするチャリティー組織間、利用者団体との連携・運動は行われている。しかし、アドボカシーサービスとして、行政と契約した場合には、その運動は業務外のこととなっている。

　本来、「可能な時には」という条件つきであるが、次のように全国基準内にシステムアドボカシーと思われる規定はある。

　　2.4　可能な時には、そのサービスは子どもの生活を改善してきた変化を促進し、広報する。そして、他の子どもたちのためにそうした変化を起こすように意思決定者を促す。そのサービスは子どもたちを直接この仕事に関与させようとする。
　　2.5　そのサービスは子どもの権利に関して同様の関心と目的を共有している他の人たちと協力して活動する。

(DoH=2009: 173)

　「可能な時には」ではなく、ケースアドボカシーと共に、政策提言を行うシステムアドボカシーについても法律で規定するなどして、業務として遂行する必要がある。たとえば、相談を受けた個別ケース（ケースアドボカシー）の分析を行い、子どもを取り巻く制度的・政策的欠陥を明らかにし、年に1回以上、政策提言を行う。そのことを全国基準ではなく、法律に規定することで、ケースアドボカシーへの偏りを軽減することができるだろう。現在の児童法にはケースアドボカシーのみが書かれていることが問題である。

2　子ども主導の原則

2.1　子ども主導に関する意義と日本への示唆

　第1の意義は、全国基準の中で子ども主導が強調され、意味が明確にされている点である。第4章で述べたが、全国基準は「基準1. アドボカシーは子どもの意見と願いによって導かれる」と、子ども主導を明示している。続いて、「アドボケイトは子どもの声である。このことは子どもアドボカシーの価値の核心である」(DoH=2009: 171) とあり、子ども主導を基準としている。そして、子どもがアドボカシーの過程を導き、「アドボケイトは子どもの表現された許可と指示の下にのみ行動する。それが「子どもの最善の利益」についてのアドボケイトの意見とは異なる場合でさえそうするのである」と規定している。最善の利益から離れることをあえて示し、子どもの思いと最善の利益を峻別しようとしている。アドボカシーはセルフアドボカシーに依拠すべきものであることは第2章で述べたが、まさにセルフアドボカシーを基盤にしたアドボカシーを行おうとしている。この規定は「アドボカシー」を実施する上で、最も重要なものである。

　第2に、日本には公正中立を掲げる機関はあるが、アドボカシーサービスのような子ども主導を明言する機関はない。苦情解決の場面で、中立的な立場をとる苦情担当主事をはじめ調査担当主事、独立パーソン、独立審査委員会などとは別に、アドボカシーサービスが関わっている。おとなと子ども、専門職と子どもの権力格差、知識格差がある中で、公正中立を掲げるということは、構造として子どもを沈黙させることになりかねない。だからこそ、子ども主導で子どものアドボカシーを行う。その点に苦情解決におけるアドボカシーサービスの意義がある。

　第3に、第7章で述べたように、アドボケイトの養成過程において、子ども主導を学ぶ演習がある点が参考になる。たとえば、子ども自身や子どものグループが行う「セルフアドボカシー」と、おとなによる代理人型の子どものアドボカシーについて議論させるワークショップがある

(WAG et al. 2009a: 19)。議論を通して、おとなである自分自身が知らず知らずのうちに、子どもの声を奪う可能性に気づけるかもしれない。基本的に座学ではなくワークショップ形式で行われるこの講座によって、自分自身の価値観に気づく機会になるだろう。このような演習を体系的に行う養成課程が子ども主導を行うために必要なことである。

2.2　子ども主導に関する課題と日本への示唆

しかし先行研究によれば、子ども主導と言えるのかという課題も指摘されていることが分かった。

第1に、アドボカシーサービスは、子ども主導を守るために「高い守秘義務」を規定しているが、「重大な侵害」が及ぶのを防ぐのに必要な場合には、子どもの同意なくソーシャルサービスに通告しなければならない（基準7.3）。「重大な侵害」（1989年児童法31条9項）とは、「不適切な養育や子どもの健康と発達を損なうことと定義している」「身体的なもの以外の形態の不適切な取り扱いと共に、身体的及び性的虐待を含んでいる」（DoH=2009: 189）ことである。このような制限がある中で、守秘義務が課せられるということである。

実際に、子どもたちは「誰に話すべきか」という意思決定に当たって、守秘義務を重要な判断材料としている（Crowley et al. 2008; Dalrymple 2001）。ダリンプルは「子どもはプライバシー保障への願いと、おとなである専門家が守秘を貫くことのできる能力との狭間に引き裂かれ、最も助けが必要な時に助けを求めづらくなっている」と述べている（Dalrymple 2001: 151）。そして子ども自身がアドボカシーサービスに安心して話すために、アドボケイトが守秘の範囲を決定する裁量をもつ「専門的守秘」を設定すべきだと提案していた。

独立性にも関係することとして、子どもの秘密も行政や施設側と共有しないことが必要である。それゆえ、可能な限り高い守秘義務が求められるが、行政との契約により秘密を開示する場合がある（Dalrymple 2001）。

契約内容は可能な限り高いレベルの守秘義務を確保できるようにすべきである。すなわち、入所施設や児童相談所にも子どもから相談された

ことを話さないということである。この部分がなければ、独立性はおろか、子ども主導の原則にも支障をきたす。少なくとも、子どもに重大な侵害が及ぶことを「防ぐ」のに必要な場合ではなく、子どもが重大な侵害を「受けた」場合、あるいは緊急に保護が必要な場合以外には、守秘義務を徹底することが必要である。重大な侵害を「防ぐ」とすれば、リスクに関する判断基準が曖昧な場合、広い範囲で子どもの秘密を開示する必要が出てくるためである。

　日本でも近年、児童虐待防止法や児童福祉法改正による被措置児童等虐待の対応により、専門職の通告義務が課せられている。日本でアドボカシーサービスの制度化がなされることがあれば、秘密保持をどこまで確保できるのか、実際には難しい問題を抱えるだろう。しかし、専門職には話せない潜在的な相談を掘り起こすためには、この問題は明確にしておく必要がある。専門職とは異なる、アドボケイトの特殊な位置を鑑みて、可能な限り高い守秘義務を設定することが不可欠である。

3　エンパワメントの原則

3.1　エンパワメントに関する意義と日本への示唆

　第4章で述べたように、全国基準の序章の中で、「アドボカシーとは子どもをエンパワーすることである」と書かれ、エンパワメントを重視している（DoH=2009: 168）。第4章で示したように、全国基準は社会的養護の子どもの詩を冒頭で掲載している。この詩では「自分の人生の外側にいる」、すなわち聴いてもらえない環境によって諦めの気持ちに陥ってしまうことを示している。政府は社会的養護児童が抑圧されているという認識を持っていることが意義として挙げられる。また、アドボケイトの養成内容に含まれることとして、子どものエンパワーや「非差別的反抑圧的で敏感な実践（障害平等研修と知的障害とその他の障害をもつ子どもを含んだ子どもたちとのコミュニケーションを含む）」ことが全国基準に書かれ、障害児への抑圧についても理解しようとしている。

さらに、第5章で述べたように、アドボケイトがFGCに関与するということは、ホーランドら（Holland et al. 2006）が述べるように、おとなと子どもの不平等に根ざしていると解釈すれば、力関係や抑圧を認識する立場として意義がある。

日本においても政府として、生活に影響を与える意思決定の場面で、社会的養護の子どもたちの思いが聴かれ、考慮されることが少ないことを認識し、改善しようという意志を持つ必要がある。そのためにも、社会的養護の子どもが聴かれる権利が保障されていると感じているのか、全国的な調査が必要になるであろう。

3.2　エンパワメントに関する課題と日本への示唆

アドボカシーは「子どもサービスの仕事では、時にはありがたくない、しばしば都合の悪い訪問者」（Pithouse et al. 2008: 139）として見られることがある。子どものためのサービスは、制度化されたディスエンパワメントの構造を通して、子どもの発言権をいろいろな場面で奪っている。これは、アドボカシーという仕事が孤立したものであることを意味する（Dalrymple=2011: 229）と述べられている。

ただ、筆者はアドボケイト養成方法を第7章で検討し、ウェールズの養成のテキストに「孤独」についての記述があることの意義を述べた。先行研究で言われているように、アドボカシーは孤独な活動である。それに対応するよう、事前に養成課程で学んでいることは意義がある。アドボケイトは、ソーシャルワーカーなど専門職から軽視されたり批判を受けることがある。そのためアドボケイトは活動する上で、「避けられない孤独」とストレスを感じている（Kendrick 2006）。養成のテキストには、アドボケイトは立場上、孤独とストレスを抱えやすいと書かれ、演習が行われる。孤独を抱えることがアドボケイトにとって「自然」だと認識しておくことがストレス減少につながるという（Henderson et al. 2001; Kendrick 2006）。同様に、子ども主導に関しても、他の専門職から理解が得ることが難しいということである。ダリンプル（Dalrymple=2011: 227）は「子ども支援のために設計されたサービスの中

で、子どもの地位を向上するために子どもの側に立つ時に、このような態度に遭遇するのである」と分析する。他の専門職にしてみれば、アドボケイトの子ども側に立つという立ち位置を理解するのは難しいと述べる（Dalrymple 2005）。

アドボケイトが受ける孤独について理解するための項目も養成テキストに明示することが、専門職からの批判に耐えるための一助となることだろう。

また、他の専門職からの無理解や批判による悩みやストレス解消のためにもスーパービジョンの体制を整えることが必要となる。月１回、個別スーパービジョンやピアスーパービジョンが行われている。このような体制を整え、他の専門職への対応を検討する場が求められる。

4　子どもの聴かれる権利の行使を支えること

4.1　聴かれる権利に関する意義と日本への示唆

第１に、聴かれる権利の一般的意見（CRC 2009）と同様、ウェールズでは「苦情」といっても、意見表明の延長として苦情を捉えていることを述べた。「意見表明」（representations）が申し立ての対象であり、その中で「苦情」（complaint）も申し立てることができるという条文である（1989年児童法26条3項）。そのことによって、苦情に限らずアドボカシーサービスを広く利用できるようになっている。聴かれる権利と苦情解決を分けずに、一連のプロセスであることの認識を持つためにも、聴かれる権利の中に苦情解決があることを明示することが必要である。

第２に、筆者は聴かれる権利の一般的意見の５つのプロセス（準備、聴聞、力の評価、フィードバック、苦情申し立て）のうち、アドボカシーサービスが準備段階に力を入れていることを意義として述べた。苦情解決に関わるアドボケイトも独立訪問アドボケイトも、子どもの権利を伝え、それによって苦情を認識するプロセスを支えている。子どもからのアクセスを待つのではなく、アウトリーチ型の独立訪問アドボケイトを

政府は推奨している（WAG 2004b: 12）。日本においても、独立訪問アドボケイトの訪問により、子ども自身がより自分の権利を知り、意見表明または苦情申し立てを行うことが促されると考えられる。

　第3に、アドボカシーサービスが、聴かれる権利の一般的意見の5つのプロセスの「力の評価」について、「アドボケイトは子どもの意見を表明する能力を推定しない」（基準1.3）と述べている点である。聴かれる権利の「力の評価」によって排除される可能性のあるコミュニケーションの困難な子どもも、意見表明を行使できるように支援しようとしている。「時間と労力を使」って子どもの思いを理解しようとしている点は子どもの聴かれる権利の解釈以上の意味があるだろう。そもそも、12条1項は、「自己の意見を形成する能力のある児童」とあり、能力によって子どもの聴かれる権利の行使は制限されているためである。つまり、能力を制限せずに聴かれる権利の行使を支えようとする点に意義があるのである。

　これらのことから、全国基準のような最低基準を定めた場合には、聴かれる権利を行使するためのプロセスに沿った支援方法を明記すると共に、子どもの意見表明の能力を推定せずに労力を注ぐ必要性を明記すべきだと考える。

4.2　聴かれる権利に関する課題と日本への示唆

　第1に、FGCにおいては、アドボカシーサービスは聴かれる権利の5つのプロセスすべてに関わっているわけではないということを課題として挙げた。第5章で述べたFGCにおけるアドボケイトの活動にみられたように、アドボケイトは会議前の準備に力を注ぐ一方で、意思決定そのものには参加しない場合が多く、決定の方法は家族に任されている。意思決定に子どもがどの程度関与できるかは、最終的にはどのような家族なのか、子どもの気持ちを重んじる家族なのかによることになる。

　FGCの根本的な概念が親責任者を重視しているため、親責任に考慮しながら子どもの発言をサポートせざるを得ないという枠組みである。子どもの聴かれる権利について理解できるように、FGCのコーディ

ネーターがFGC参加者にも伝えていく必要があるだろう。

　アドボカシーサービスは、あくまでも子どもの聴かれる権利を支える役割である。一方、意思決定者は子どもの最善の利益を考慮して総合的に判断する。そのため、アドボカシーサービスの問題というよりは、意思決定関係者が聴かれる権利をどのように理解しているかが問題になってくる。子どもに関わる専門職も含めたすべての市民が子どもの聴かれる権利の行使を支えるべきである、といった旨を明記した基本法があることが根本的に必要である。

　第2の課題は、第8章で示したように、効果的な運営と聴かれる権利の保障との矛盾である。聴かれる権利の保障だけではなく③のエンパワメントの原則にも関わる問題である。10基準の最後に「基準10：アドボカシーを効果的に運営し、資金を有効活用する」がある。他の基準において「子ども主導」「能力を推定せず」「時間と労力」を使って子どもの聴かれる権利を保障する試みと、「効果的な運営、資金の有効活用」が両立するのかが疑問である。現に、本書第8章のアドボカシーサービスの提供に関する問題で挙げているように、実態の調査では資金不足や人員不足、契約期間の短さなどが指摘されている。効率的な運営が子どもの聴かれる権利の支援に矛盾が生じないように、聴かれる権利の支援に対応できる資金の確保が必要である。

注

1) 次章「おわりに」で述べるように、日本の子どものニーズ調査については、今後の研究課題である。現在、筆者は科研費研究班「福祉施設入所児童への外部アドボカシー導入研究――ICAS提供モデルの構築」の分担研究を行っている。筆者が示してきたアドボカシーサービスモデルをどのように児童養護施設職員や日本の子どもが考えるか、ニーズとバリアを明らかにする調査結果を公表する予定である。

第10章

日本におけるアドボカシーサービスモデルの構想
―― 聴かれる権利の保障を目指して

はじめに

　本章では前章を踏まえ、イングランド及びウェールズのアドボカシーサービスを日本にどのように導入できるかを構想する。

　日本とイングランド・ウェールズにおける歴史的・制度的・文化的背景の違いについて述べ、構想における限界を検討する。その後、短期間でアドボカシーサービスが日本で制度化されることは困難だと考えられることから、長期的展望としてイングランド・ウェールズに学び、制度化する方策を検討する。まず、法律制定による制度化について検討し、その後、条例による制度化、事業委託による制度化がなされるとすればどのような提供方法があるのかについて、短期的な構想を述べる。

1　構想における限界

　これまで述べてきたように、イングランド及びウェールズでは子ども参加やアドボカシー実践の歴史的背景、制度的背景が日本と大きく異なっている中で、日本にアドボカシーサービスを導入することは容易ではないだろう。たとえば、イングランド・ウェールズでは前述のように、

社会的養護の子ども参加の歴史は 70 年代から始まっており、1975 年には児童法に「できる限り子どもの希望と感情を確かめ、それを正当に考慮することが、地方自治体の義務」とする条文が盛り込まれている。その後、政府が進めたクオリティ・プロテクツを背景に、チャリティー組織が担うアドボカシーサービスが増加し、その後 2002 年にようやくアドボカシーサービスが児童法に規定された。また、アドボカシーサービスが制度化される前から成人の医療、精神保健分野において独立したアドボケイトが存在していたという基盤がある。そして、社会的養護児童を対象とした、「独立訪問員」（Independent Visitor）や「子どもの権利擁護主事」（Children's Rights Officers）といった役割もすでに存在している中で、アドボカシーサービスは制度化されている。

　さらに、社会的養護児童が出席を促される会議が、イングランド及びウェールズには 6 つある（WAG et al. 2009a: 56-57）。一方、日本には公式に子どもたちの出席が促されている会議は存在しない。

　その背景には、前述したように、政治的意図や条約の批准、虐待の様々な調査などがある。さらには、イングランド・ウェールズの子ども観という文化的・社会的側面も関係しているだろう。佐藤（2004）は「イギリス」と日本の子どもと母親に調査を行っている。その結果、イギリス人が子どもの自己主張と自己抑制の両方を育み、一方日本人は子どもの自己抑制の発達を重視していると実証的研究で明らかにした（佐藤 2004: 100）。「自己主張」が子どもの発達において重視されている社会だからこそ、イングランド・ウェールズではアドボカシーサービスが制度化できたのかもしれない。

　しかし、前述したようにアドボカシーサービスの冒頭には、社会的養護児童が「あやつり人形」として扱われるうちに何を言っても無駄だという気持ちになって諦めてしまう様子が述べられている。日本の子どもも同様に諦めの気持ちを表現していることを第 9 章で述べた。日本の子どもたちの場合には、自己抑制の発達を重視されている文化に輪をかけて、社会的養護という生家ではない場所で、他の多くのおとなや子どもたちと暮らす中で「自己抑制」をせざるを得ない環境にいる。文化的・

社会的側面に関しては、日本だからこそ、聴かれる権利の実質化のためにアドボカシーサービスが必要とされる部分があるのではないかとも考えられよう。

また、チャリティー組織がアドボカシーサービスを担っているが、英国全般としてチャリティー組織の活動が歴史的に長く、「チャリティが自然化した社会」（金澤 2008: 131）であり、現在でも「「チャリティ大国」としてよく知られている」（岡村ら 2012: 4）という点は日本と大きく異なる点である。

このように、歴史的・制度的背景、そして文化的・社会的にも大きく異なっていることから、短期間でアドボカシーサービスが日本で制度化されることは困難だと考えられる。よって、長期的展望としてイングランド・ウェールズに学んで、制度化の方策を検討する。まず、法律制定による制度化について検討し、その後、条例による制度化、事業委託による制度化がなされるとすればどのような提供方法があるのかを構想する。

2　日本におけるアドボカシーサービスの長期的構想
　　　──法律制定による検討

2.1　子どもの権利基本法の制定

第 2 章で検討したように、日本の児童福祉法、児童相談所運営指針、児童養護施設運営指針では、子どもの聴かれる権利の理解が不十分であり、個別ケースにおける子どもの意向は「配慮」されるに留まる。

それには、日本の児童福祉法が依然として「保護」の体系を残しており、子どもの権利主体性を明記していないという根本的な課題がある。児童福祉法はすべての子どもの生活保障を理念として掲げ、そのための保護者、国民、国の責任を規定している。これは、子どもの「最善の利益」を理念とする子どもの権利条約と同じ方向を志向するものである。

しかし実際には、児童福祉法の子ども観が、子どもをおとなが保護し、「健全育成」すべき対象として捉える子ども観、すなわち保護と付与の

対象として見ていく子ども観に立っていることとも関わって、問題を抱えた子どもを「保護」するという体系として展開してきた。許斐はこのことに関して次のように述べている。

> 児童福祉法は、もともとは総合的な児童福祉の基本法をめざしてつくられたものであった。しかし、「福祉」法という名称は使ってはいるが、実際には児童「保護」の体系にすぎない。〔中略〕児童福祉法は、厚生省児童家庭局所管の児童保護行政法にすぎず、社会法の一分野の児童福祉法にはなり得ていないといわざるをえない。　　　　　　　　　　　　　　　（許斐 1996: 158）

　許斐が指摘した1996年以降に幾度も児童福祉法は改正されているが、基本的に保護の体系に留まっている。そのため、いくら児童相談所等の指針に「子どもの意向」が示されていても、保護の体系である児童福祉法に基づいた支援である限り、実現は困難となる。
　日本では聴かれる権利について明記された条文は、入所措置の報告書に意向を記載する旨の書かれた「児童福祉法26条2項」以外には存在していない。この根本的な仕組みの違いが現状の違いを創出している。そのため児童福祉法に子どもの聴かれる権利を位置づけ、これを基盤としたサービス体系になっていく必要がある。
　一方、イングランド・ウェールズでは第3章で示したように、子どもの意見表明については1975年の児童法から明記され、その後も発展し続けている。1975年児童法（59条：ケースにおける地方当局の一般義務）では、子どものいかなる決定においても、①子の福祉を保護し促進することを最優先し、②子どもの年齢と理解の程度に配慮して、できる限り子どもの希望と感情を確かめ、それを正当に考慮することが地方自治体の義務とされている。
　矢吹（1998: 157）は、日本においては、聴かれる権利のような子どもの手続的権利を保障する法的根拠が必要であると述べている。その理由は次のようなことである。

行政上の手続きでは、行政手続きおよび行政不服申立手続きでの聴聞の保障に、不利益処分性、処分対象者の特定、既存法令による手続の明示といった要件が課されているため、子どもの権利をめぐる処分や措置にかかわり問題となっている多くの事柄は、事前手続きの対象から除外されている。このように、子どもの権利条約12条2項が求めている司法上および行政上の手続きにおける意見聴取は、法令上、手続き規定が存在しないうえ、厳格な手続要件が課されているため、子どもの処遇決定に際して十分保障されていないのが現状である。それゆえ、「子どもの権利基本法要綱案」や「子どもの権利基本条例要綱案」のように、子どもの手続的権利を保障する法的根拠を新たに作り出すとともに、現行法の手続き規則の整備をしていくことが求められる。

（矢吹 1998: 157）

　このように、行政手続き上、既存法令に手続きの明示がなければ、子どもの聴かれる権利の保障は機能しない仕組みになっている。確かに、行政手続法13条によれば、「許認可等を取り消す不利益処分をしようとする」等の厳格な条件の場合に、聴聞の機会が与えられるとされている。
　さらにいえば、子どもを能動的主体と捉えるために、矢吹らのグループ「日本教育法学会子どもの権利条約研究特別委員会」(1998) が提言するような「子どもの権利基本法」を制定することが必要であろう。矢吹らは児童福祉法等、子どもに関わるすべての法律はこの基本法に則る必要があると述べる。その法律には、手続的権利としての子どもの聴かれる権利の保障が規定される。国連子どもの権利委員会（CRC 2010）も日本政府は国連子どもの権利条約を踏襲した国内法を作るべきであると勧告していることから、必要な法律である。
　この矢吹らのグループは、『提言［子どもの権利］基本法と条例』（三省堂）という著書で、国連子どもの権利条約に基づいた子どもの権利基本法の条文を作成している。能動的子ども観及び受動的子ども観の明記から始まり（日本教育法学会子どもの権利条約研究特別委員会 1998: 270）、

「第3章 子どもの参加権および手続的権利の保障」で5つの条文、11つの項を設けている（日本教育法学会子どもの権利条約研究特別委員会 1998: 272）。

この基本法には聴かれる権利について具体的に述べられているが、本研究で述べてきた「権利代弁機能」つまり、12条全体を促進する役割と「代理人もしくは適当な団体」の設置については「子どもは、自分が選任する代理人の援助を受けることができる」（日本教育法学会子どもの権利条約研究特別委員会 1998: 272）とし、具体的な制度までは構想されていない。子どもの権利基本法には、聴かれる権利を実質化するため、「自治体は子どもの聴かれる権利の支援を行う必要があり、そのためにアドボカシーサービスを提供しなければならない」旨の規定が盛り込まれることを提案したい。そして、この基本法を踏まえ、児童福祉法にも子どもの聴かれる権利の保障を盛り込むと共に、アドボカシーサービスについて明示することが望まれる。

2.2 アドボカシーサービスの対象

ウェールズはすべての子どもを対象にアドボカシーサービスを提供しており、またイングランドでも社会的養護児童を中心に支援が必要な子どもを対象としている。本来、聴かれる権利の実質化を目指すためには、すべての子どもがアドボカシーサービスを利用できるようにすべきである。国連子どもの権利委員会（CRC 2010: para43）の日本への勧告によれば、子どもが聴かれていない分野は福祉分野に限らず、学校や司法、政策決定過程にも及んでいる。

社会的養護児童を対象とした場合でも、アドボカシーを行う範囲は子どもの行動範囲である施設や児童相談所に留まらず、学校等幅広い[4]。また今後、里親に委託される子どもが増加し、それと共に里子と暮らす実子[5]も増える。社会的養護に限らず、すべての子どもが利用できる制度が本来は望ましい。

そのため、児童福祉法及び学校教育法にもアドボカシーサービスを位置づけ、すべての子どもを対象とする。まず、子どもの権利基本法に基

づいて、児童福祉法において聴かれる権利を実質化する「アドボカシーサービス」の都道府県及び政令指定都市への設置及び提供義務を明文化する。児童養護施設の管轄は現在、都道府県及び政令指定都市である。都道府県及び政令指定都市に1ヵ所の設置では広域であるため、児童相談所の所管区域ごとに設置する。独立性を示すため、児童相談所や学校、施設とは地理的に異なる場所にアドボカシーサービスを設置する必要がある。

2.3 アドボカシーサービス運営要綱・提供の仕組み

アドボカシーサービスの詳しい運用については、法律とは別に、運営要綱が必要であろう。行政からの独立性とアドボカシーの独自性を確保するため、ウェールズの全国独立アドボカシー委員会（The National Independent Advocacy Board）のように都道府県及び政令都市に「子どもアドボカシー委員会」を設置することである。これは、アドボカシーサービスに関する協議や委託NPOの選定を行う諮問機関である。ウェールズのアドボカシー委員会は、おとな有識者4名、子ども4名と議長1名で構成されている。同様に、日本でも有識者と子どもが同数選任されることが必要である。

「アドボカシーサービス運営要綱」には、冒頭で、①国連子どもの権利条約12条及び子どもの権利基本法に則り、子どもの関わる意思決定に子どもが関わる権利があるとした上で、②行政及び市民は子どもの聴かれる権利の保障のためにあらゆる努力をしなければならないことが述べられる必要がある。アドボカシーサービスはあくまで子どもからの選択肢の1つであり、本来すべての行政・市民は、子どもが聴かれる権利を行使できるように支援しなければならないからである。

続いて、アドボカシーサービスの具体的な制度と運用が規定される。①アドボカシーサービスは独立した第三者である。②アドボカシーは子ども主導で行われる。③アドボカシーサービスの活動範囲は福祉・教育・保育等、子どもに関係する機関すべてである。④福祉サービスを利用する子どもには、公的な意思決定（措置時、措置変更、児童自立支援計

画の策定及び見直し等）や、苦情解決手続きの際に、アドボカシーサービスの利用について説明し、利用の可否を子どもに選択させる。⑤アドボカシーサービスから連絡を受けた機関は子どもの思いを考慮し、子どもに対して説明責任を果たす。⑥アドボカシーサービスは児童福祉法及び児童虐待防止法の通告義務に反しない限り、子どもの同意なく守秘義務を解除してはならない。相談を受ける前に、守秘義務及び解除について子どもが理解できる方法で説明する。⑦子どもアドボカシー委員会を設置し、アドボカシーサービスの在り方や委託先のNPOの選定について協議する。そして、委託されたアドボカシーサービスの状況についてモニタリングを行う。このアドボカシーサービス委員会は、有識者、市民団体と共に、子どももおとなと同数が任命される。⑧アドボカシーサービスは年に1回以上相談内容を整理し、行政施策の改善要求を行う（システムアドボカシーの実施）。⑨別途、アドボカシーサービスの「最低基準」を明示することで、アドボカシーサービスの質を担保する、といっ

表10-1　日本における子どもアドボカシーサービス提供の構想

規定	・子どもの権利基本法の制定 ・児童福祉法・学校教育法の改正 ・アドボカシーサービスの運営要綱 ・アドボカシー提供のための最低基準
対象となる子ども	20歳未満の子ども、社会的養護経験者は25歳まで（例：要保護児童、福祉サービスを受けている子ども、学校に関する悩みを持っている子ども等）
主な利用ケース	公的な意思決定（措置時、措置変更、児童自立支援計画の策定及び見直し等）や、苦情解決手続きの支援、ほか子どもが望むとき
選定・協議機関	都道府県及び政令都市は、子どもアドボカシー委員会を設置し、アドボカシーサービスに関する協議や委託NPOの選定、モニタリングを行う
委託先	民間団体（例：子どもの人権に関するNPO法人など）
アドボケイトの担い手	アドボカシー養成講座を受けた者
財源	国、都道府県または政令指定都市、民間基金の組み合わせ

た内容が規定される必要がある。これはイングランド・ウェールズの全国基準と同様の中身である。

アドボカシーサービスの委託先であるが、子どもの権利に関する活動しているNPO法人等の民間団体が望ましい。独立性の確保のため、その民間団体が社会的養護や要保護児童に対するサービスを提供していないことが条件である。NPO法人等、行政や施設職員以外の者が対応し、学校や行政・施設と同じ敷地にアドボカシーサービスを設置しないことが求められる。

アドボカシーサービスの財源は、国、都道府県または政令指定都市、民間基金の組み合わせが望ましい。イングランド・ウェールズで問題になっていたのが、財源と独立性の関係である。独立性を確保するためには、本来すべての財源を行政に頼らずに、自主財源で賄えることが理想である。一方、多様な子どもの支援をするためには多額の財源が必要である。そのため、自主財源も含むことによって、独立性を保とうとする努力が必要である。しかし、自主財源に頼ることのできるNPOは日本では少数であるということが課題である。

行政からのみの資金で運営する場合は、独立性の確保のために潜在的な葛藤について検討し、明示する必要がある。

また、独立性を確保するためには、アドボケイトの態度・スキルも重要とされていた。施設職員や児童相談所と敵対せずに、子どもの思いを考慮してもらえる関係をいかに作るか。そして、子どもから、施設職員や児童相談所と利害関係がないと思える「独立した」態度をとらなくてはならない。第7章では養成講座について述べたが、多くが演習形式で行われ、自己覚知を深めている。ウェールズのように135時間程度の研修が日本でできるのか、さらに言えば135時間で足りるのかといった不安はあるが、他の専門職とは異なる知識や価値、技術が必要であるため、養成講座には十分な時間を要する。

アドボケイトが抱える悩みや専門職からの孤独感について第7章で紹介したが、孤立について学ぶ養成講座と共に、スーパービジョンを月に1回と、個別にスーパーバイザーが支援していくことやピアスーパービ

ジョンの体制は必須である。

2.4　第三者委員の制度改正・活用

　イングランド・ウェールズでは施設を定期的に訪問するアドボケイトがいることを先に述べた。子どもの権利を伝え、子どもが苦情を認識する前から訪問することで関係性を構築するのである。これについては、日本の第三者委員の制度を改正することで、訪問型のアドボケイトとして活用できるのではないかと筆者は考える。

　第三者委員のことを、大竹のようにアドボケーター（代弁者）と呼ぶ者もいる（大竹 2013: 60）。しかし、第2章で述べたように、第三者委員は「社会性や客観性」を確保し、利用者の立場に「配慮」しながらも「第三者委員は、経営者の責任において選任する」（厚生省 2000a）という立場である。客観的な「第三者」を求められているにもかかわらず、施設経営者と親しい間柄の者や施設に有利な者を選任できる。この選任方法では施設経営者寄りの者が選任される場合があり、「独立性」に欠ける。このことから、第三者委員も都道府県及び政令都市に設置された「子どもアドボカシー委員会」が任命することとし、定期的な施設訪問（月2回以上）を行うように規定する。第三者委員の指針（厚生省 2000a）によれば、職務の中に「ク　日常的な状況把握と意見聴取」という規定がすでにある。また第三者委員のガイドラインにも、施設や当事者から要請があった際の訪問に留まらず、「できるだけ頻繁に事務所を訪れる」ことが奨励されている（全国社会福祉協議会 2003: 9）。今後、奨励ではなく、訪問を義務化する措置が必要である。そのためには、第三者委員には子どもの権利に関する研修と、施設訪問に要する報酬及び交通費の支給も必要である。

3 日本におけるアドボカシーサービスの短期的構想
―― 事業委託・条例制定による検討

3.1 事業委託による検討

次に事業委託によるアドボカシーサービスの構想を試みる。前述した法律制定は、全国的にアドボカシーサービスを設置することやアドボカシーの独立性を法的に保持することを可能にする。しかし、その制定は長期的な展望であり、実現は困難を極めるだろう。イングランド・ウェールズにおいてもアドボカシーサービスが法律に明文化されたのは2002年であり、それ以前は事業委託によって実施されていた。特に、クオリティ・プロテクツという、社会的養護児童への支援の質向上を目指した政府の方針があったために、普及が可能であった。以下、事業委託という方向性を検討する。

イングランド・ウェールズのように子どものアドボカシーに関して民間に委託するという形態は、現在の日本の社会的養護の分野ではあまり見られない。これについては、おとなの分野ではあるが日本では大阪府の「精神医療オンブズマン制度」が参考になると考えられる。これは、認定NPO法人大阪精神医療人権センターが大阪府から事業委託を受けて行ったものである。同制度では、精神科病院入院患者を対象に病院を訪問する、訪問型のオンブズマン事業が行われてきた。「精神医療オンブズマン運営要綱」（掲載年不明a）が定められ、これに則った仕事を行っていた。この要綱によれば、本研究におけるイングランド・ウェールズの独立訪問アドボケイトに類似した事業であることが窺える。たとえば、オンブズマンの活動では、「2 医療機関の療養環境を視察するとともに、精神障害者の苦情や要望等の聞取りを行う」「3 医療機関へ入院患者の意向を伝えたり、療養環境の改善などについて意見を述べることができる」「4 精神障害者に係る行政施策の改善要望等を行う」（4条）といったものがある。このように、これまで述べてきたアドボカシーサービスに近い活動と言えるだろう。

この制度の興味深い点は、新たに「大阪府精神障害者権利擁護連絡協

議会[8]」をつくり、この連絡協議会が精神医療オンブズマン制度を設置していることである（運営要綱2条）。連絡協議会には、当事者団体をはじめ、学識経験者等が含まれている。法的根拠の下に設置されているわけではない精神医療オンブズマンであるが、連絡協議会を通すことで独立性を確保しようとしている点が参考になる。

3.2 条例制定による検討

しかし、事業委託は、その時々の首長の意向に左右されることのないよう、条例による設置の方が安定して存続する[9]。条例制定として参考になるのは、川西市子どもの人権オンブズパーソンである。市の機関であるため、都道府県管轄である児童福祉施設への調査権限は及ばないが、独立性と安定的経営が可能になっている。条例を制定し、市長の付属機関としてオンブズパーソンが置かれている[10]。

この子どもの人権オンブズパーソンのように、アドボカシーサービスの条例化が叶えば、独立性が確保され財政安定化につながるものと思われる。また、前述のように矢吹（1998）によれば、法律や条例の制定がなければ、子どもの手続的権利の保障はなされないという背景もあるため、条例制定には意義がある。

アドボカシーサービスは社会的養護児童も対象となるため、都道府県もしくは政令都市の条例が適切だろう。条例の条文については、前述の子どもの権利基本法の条文及びアドボカシーサービス運営要綱と同様の規定となる。

訪問型のアドボカシーサービスの場合は、2つの可能性があるだろう。1つは、前述のように既存の第三者委員に研修を課し、定期的訪問に報酬を与えるような仕組みである。

もう1つは、イングランド・ウェールズのように、施設とNPOが契約し、訪問するという形態である。子ども分野の入所施設以外では日本でも発展してきた。「湘南ふくしネットワークオンブズマン」は日本で初めて福祉施設訪問型のオンブズマンを民間契約で進めている。ただ、施設との契約だけでは、施設内の調整に留まり、児童相談所等の他の機

関に働きかけることが困難である。加えて、施設と NPO との契約だけでは、施設の問題をアドボケイトが指摘した場合に、容易に契約破棄になってしまう可能性がある。

また施設内で体罰や虐待が行われているところほど、NPO との契約に否定的だと考えられるため、被措置児童等虐待を発見するためには、施設との契約は馴染まない。

施設からの独立性を確保するためにも、行政との委託契約を根拠に、施設に派遣されることが必要であろう。行政との委託契約をするにしても、守秘義務や子ども主導といったアドボケイトの独自性が失われないように契約できるかが課題である。そのためにも、財源については民間の財団から受給するという仕組みが求められる。

事業委託の場合は、独立性や子ども主導等のアドボカシーサービスの独自性が失われる。それゆえ、本来は法律による根本的な転換によって、アドボカシーサービスの独自性を守る必要があると考える。

おわりに

本研究では、日本の児童養護施設入所児童を中心に社会的養護児童に対する権利代弁機能を促進するためには、どのような制度・仕組みが必要かという課題を明らかにするために、①日本の権利代弁機能の研究上・制度上の現状と課題を明らかにし、②イングランド及びウェールズの独立子どもアドボカシーサービスの理念・提供体制と運用の意義と課題を述べてきた。

日本では、子ども家庭福祉領域の研究及び制度上、子どもの聴かれる権利を実質化するための権利代弁機能についてほとんど述べられてこなかった。本研究で、筆者が許斐有（1991）の「権利代弁機能」について定義を再考し、その視点で日本の制度の課題を見出すことができた点は他の論文にはない特徴である。また、イングランド及びウェールズでの独立アドボカシーサービスに関する研究でも、制度について整理した論

文はなく、意義があるのではないかと筆者は考える。

　イングランド及びウェールズの研究論文では、これまで述べたように、実践上の課題が指摘されている。しかし、その理念については学ぶ点が多くあり、制度的にも理念を貫こうする部分が含まれている。問題点を克服し、理念を学ぶことにより、アドボカシーサービスはより理念に近づいたものになるだろう。

　本研究の課題は、第1に日英の理論及び政策検討に基づいて、日本への導入を構想したものであり、本構想が妥当性のあるものかが実証的に明らかにできていないということである。今後、日本の子どもや現場の方々に調査を実施する必要がある。

　筆者は、科研費研究班「福祉施設入所児童への外部アドボカシー導入研究──ICAS提供モデルの構築（課題番号25590151）」の分担研究を担っている。筆者が示してきたアドボカシーサービスモデルを日本の児童養護施設職員や入所児童がどのように考えるか、ニーズとバリアを明らかにする調査を2015年度中に行う。本研究はその調査研究の基盤になる研究である。この研究班の中で、今後よりよい制度提案ができると筆者は考える。

　近い将来に、アドボカシーサービスを試行的に実施し、利用した子どもの評価を調査しながら、子どもにとってより良い制度設計を行っていく方針である。

　第2の課題は、日本の社会的養護の約9割が施設養護という現実から、施設養護を前提に研究を進めたことである。厚生労働省（2011）の方針によれば、今後は段階的に里親を増やし施設を減らす方向性にある。しかし、依然として施設は残る予定になっている。施設は子ども一人ひとりに対応できるだけの職員の配置になっておらず、子どもの権利を保障する体制とは言い難い。このような背景から、被措置児童等虐待事案も生じているのが現実である。

　だからこそ、アドボカシーサービスが必要だともいえるが、一方で子どもの権利を根本的に保障するためにはこの施設養護の体制、ひいては社会的養護の在り方そのものを問う必要がある。今後の課題として取り

組む予定である。

注

1) 子どもの参加だけではなく、1889年には英国で最初の児童虐待防止法が民間団体（児童虐待防止協会）による働きかけで成立しているなど、子どもの福祉に長い歴史をもつ国であることも背景にある。
2) 1975年児童法（59条：ケースにおける地方自治体の一般義務）では、子どもに関するいかなる決定においても、①子の福祉を保護し促進することを最優先し、②子どもの年齢と理解の程度に配慮して、できる限り子どもの希望と感情を確かめ、それを正当に考慮することが、地方自治体の義務とする条文が挿入された（三田地 1977）。
3) イングランドでは独立苦情アドボカシーサービス（Independent Complaints Advocacy Service）、ウェールズでは地域保健協議会（Community Health Councils）がアドボカシーサービスを実施している。また精神保健法（Mental Health Act 2007）が2007年に改正され、アドボカシーを行う独立精神保健アドボケイト（Independent Mental Health Advocate）が存在している。
4) 門田（2010）によれば、学校ソーシャルワーカー（スクールソーシャルワーカー）も教師や親とは異なる福祉専門職の立場で、子どもの代弁者（アドボケイト）としてケース・アドボカシーやクラス・アドボカシーを行っている。その意味では、日本において、学校にはアドボケイトは不要なのかを検討する必要がある。
5) 2011年に厚生労働省が発表した「社会的養護の課題と将来像」では、2029年までに入所施設は3分の1、グループホーム3分の1、里親3分の1の割合にすることが掲げられている。
6) 2003年から2008年7月まで実施された。2009年より療養環境サポーター制度と名称を変更して、続けられている。
7) 原文のまま掲載している。おそらく療養環境を指すと考えられる。
8) 大阪府精神保健福祉審議会によって、精神障害者への人権侵害事件（大和

川病院事件）を機に作られた。
9) 認定 NPO 法人大阪精神医療人権センターのホームページ（掲載年不明 b）によれば、「2008（平成 20）年 4 月に大阪府橋下知事は、財政再建を口実として精神医療オンブズマン制度の予算（事業全体で約 290 万円、そのうち当センターへの委託費約 145 万円）を全てカットするという案を発表」し、この制度は廃止に追い込まれた。
10) 川西市子どもの人権オンブズパーソン条例「第 4 条　地方自治法（昭和 22 年法律第 67 号）第 138 条の 4 第 3 項の規定に基づく市長の付属機関として、オンブズパーソンを置く」。

引用・参考文献

Advisory Centre for Education (2011) *Exclusion from School-Information* (http://www.ace-ed.org.uk/advice-about-education-for-parents/exclusion_from_school/ace-exclusion-from-school-information-pack, 2011.5.2).

相澤仁編集代表・松原康雄編 (2013)『子どもの権利擁護と里親家庭・施設づくり』明石書店

あらいちえ (2012)「面白くかっこええ大人を目指して」『施設で育った子どもたちの語り』編集委員会編『施設で育った子どもたちの語り』明石書店: 38-46

荒巻重人 (2009)「子どもの権利条約の成立・内容・実施」『[逐条解説] 子どもの権利条約』日本評論社: 3-17

浅井春夫 (2002)『子ども虐待の福祉学──子どもの権利擁護のためのネットワーク』小学館

Ashley, C., Holton, L., Horan, H. and Wiffin, J. (2006) *The Family Group Conference Toolkit: A Practical Guide for Setting Up and Running an FGC Service*, FRG, DfES and the WAG

Atkinson, D. (1999) *Advocacy: A Review*. Pavilion Publishing Ltd./Joseph Rowntree Foundation

バーバラ・フレッチャー (1995) 津崎哲雄・千葉茂明訳『こどもの声──里親家庭・居住施設で暮すこどもの意見表明』英国ソーシャルワーク研究会、子どもの声研究会

Barford, R. and Wattam, C. (1991) Children's Participation in Decision Making, *Practice* 5 (2): 93-102

Barnardo's, FRG and NCH (2002) *Family Group Conferences: Principles and Practice Guidance*, British Library.

Bateman, N. (1995) *Advocacy Skills: A Handbook for Human Service Professionals*, Ashgate (=1998, 西尾祐吾訳『アドボカシーの理論と実際──社会福祉における代弁と擁護』八千代出版)

Bell, M. and Wilson, K. (2006) Children's Views of Family Group Conferences, *British Journal of Social Work*, 36 (4): 671-81

Boylan, J. (2008) An Analysis of the Role of Advocacy in Promoting Looked After Children's Particpation in Statutory Reviews, Oliver, C. and Dalrymple, J. eds, *Developing Advocacy for Children and Young People: Current Issues in Research And Practice*, Jessica Kingsley Publishers: 45-63

Boylan, J. and Boylan, P. (1998) Promoting Young People's Empowerment: Advocacy in North Wales, *Representing Children*, 11 (1) : 42-49

Boylan, J. and Braye, S. (2006) Paid, Professionalised and Proceduralised: Can Legal and Policy Frameworks for Child Advocacy Give Voice to Children and Young People?, *Journal of Social Welfare and Family Law*, 28 (3/4): 233-249

Boylan, J. and Dalrymple, J. (2009) *Understanding Advocacy for Children and Young People*, Open University Press

Boylan, J. and Ing, P. (2005) 'Seen and Not Heard' Young People's Experience of Advocacy, *International Journal of Social Welfare*, 14: 2-12

Boylan, J. and Wyllie, J. (1999) Advocacy and Child Protection, Parton N. and Wattam, C. eds, *Child Sexual Abuse: Responding to the Experiences of Children*, John Wiley & Sons: 58-70

Brady, L. (2011) *Office of the Children's Commissioner: Where Is My Advocate? A Scoping Report on Advocacy Services for Children and Young People in England*, Children's Commissioner and The National Children's Advocacy Consortium

Brammer, A. (2010) *Social Work Law*, Longman.

Braye, S. (2000) Participation and Involvement in Social Care: An Overview, H. Kemshall, Littlechild, R. eds, *User Involvement and Participation in Social Care: Research Informing Practice*, Jessica Kingsley Publishers: 9-28

Bull, M. (1989) The Social Worker's Advocacy Role: A British Quest for a Canadian Perspective, *Canadian Social Work Review*, 6 (1): 49-68

Butler-Sloss, E. (1988) *Report of the Inquiry into Child Abuse in Cleveland 1987*. Short Version Extracted From the Complete Text. HMSO Publications

CASA (2015a) What Does it Mean to Be a CASA Volunteer? (http://www.casaforchildren.org/site/c.mtJSJ7MPIsE/b.6350721/k.112A/What_Does_It_Mean_To_Be_a_CASA_Volunteer.htm, 2015/6/3)

CASA (2015b) About Us (http://www.casaforchildren.org/site/c.mtJSJ7MPIsE/b.5301303/k.6FB1/About_Us__CASA_for_Children.htm, 2015/6/3)

Cashmore, J. (2002) Promoting the Participation of Children and Young People in Care, *Child Abuse and Neglect*, 26: 837-847

CCfW［Children's Commissioner for Wales］(2003) *Telling Concerns: Report of the CCfW Review of the Operation of Complaints and Representations and Whistleblowing Procedures and Arrangements for the Provision of Children's Advocacy Services*, CCfW

CCfW (2004) *Telling Concerns Practice Guides Advocacy*, CCfW

CCfW (2005) *Children Don't Make Complaints - Parents Do!*, CCfW

Chase, E. (2008) Challenges and Complexities of Widening Access to Advocacy Services: Lessons from an Evaluation of Voice Advocacy Service, Oliver, C. and Dalrymple, J. eds, *Developing Advocacy for Children and Young People: Current Issues in Research, Policy and Practice*, Jessica Kingsley Publishers: 99-115

Children England (2011) *Counting the Cuts: the Impact of Public Spending Funding Cuts on Children's Charities*, Children England

City and Guilds (2009) *Level 3 Certificate in Independent Advocacy*, City and Guilds

City and Guilds (2010) Certificate/Diploma in Independent Advocacy（http://www.cityandguilds.com/48098.html?s=2, 2011/3/20）

Clifford, D. (1995) Methods in Oral History and Social Work, *Journal of the Oral History Society*, 23 (2) : 65-70

CRC［Committee on the Rights of the Child］(2005) *GENERAL COMMENT No. 7 (2005): Implementing Child Rights in Early Childhood*（=2005, 平野裕二訳「国連子どもの権利委員会一般的意見7号：乳幼児期における子どもの権利の実施」（http://homepage2.nifty.com/childrights/crccommittee/generalcomment/genecom7.htm, 2008/10/27）

CRC (2006) *GENERAL COMMENT No. 9 (2006): the Rights of Children with Disabilities*（=2011a, 平野裕二訳「国連子どもの権利委員会・一般的意見9号：障害のある子どもの権利」（http://homepage2.nifty.com/childrights/crccommittee/generalcomment/genecom9.htm, 2014/03/01）

CRC (2009) *GENERAL COMMENT No. 12 (2009): the Right of the Child to Be Heard*（=2011b, 平野裕二訳「子どもの権利委員会・一般的意見12号：意見を聴かれる子どもの権利」（http://www26.atwiki.jp/childrights/pages/22.html, 2013/05/15）

CRC (2010) Consideration of Reports Submitted by States Parties under Article 44 of the Convention（http://www2.ohchr.org/english/bodies/crc/crcs54.htm, 2010/06/15）

CROA（http://www.croa.org.uk/whatweoffer, 2009/05/02）

Crowley, A. and Pithouse, A.（2008）Advocacy in Complaints Procedures: the Perspectives of Young People, Oliver, C. and Dalrymple, J. eds, *Developing Advocacy for Children and Young People: Current Issues in Research, Policy and Practice*, Jessica Kingsley Publications: 150-168

Dalrymple, J.（1995）It's Not As Easy As You Think! Dilemmas and Advocacy, Dalrymple, J. and Hough, J. eds, *Having a Voice: An Exploration of Children's Rights and Advocacy*, Venture Press: 105-122

Dalrymple, J.（2001）Safeguarding Young People through Confidential Advocacy Services, *Child and Family Social Work*, 6（2）: 149-160

Dalrymple, J.（2002）Family Group Conferences and Youth Advocacy: the Participation of Children and Young People in Family Decision Making, *European Journal of Social Work*, 5（3）: 287-299

Dalrymple, J.（2003）Professional Advocacy as a Force for Resistance in Child Welfare, *British Journal of Social Work*, 33: 1043-1062（=2009, 堀正嗣訳「児童福祉における抵抗のための力としての専門的アドボカシー」堀正嗣・栄留里美『子どもソーシャルワークとアドボカシー実践』明石書店）

Dalrymple, J.（2004）Developing the Concept of Professional Advocacy: An Examination of the Role of Child and Youth Advocates in England and Wales, *Journal of Social Work*, 4（2）: 179-197

Dalrymple, J.（2005）Constructions of Child and Youth Advocacy: Emerging Issues in Advocacy Practice, *Children and Society*, 19（1）: 3-15

Dalrymple, J.（2007）Children and Young People's Participation in Family Group Conferences, Ashley, C. and Nixon, P. eds, *Family Group Conferences: Where Next? Policies and Practices for the Future*, FRG: 113-130

Dalrymple, J.（2008）*Mapping the Maze: An Evaluation of the Maze Advocacy Project*, UWE

Dalrymple, J.（2011）Development and Recent Challenges of Children's Services in the UK: Children's Advocacy（=2011, 堀正嗣・河原畑優子訳「英国における子どもアドボカシーサービスの発展と今日的課題」堀正嗣編著『イギリスの子どもアドボカシー――その制度と実際』明石書店）

Dalrymple, J. and Burke, B.（1995）*Anti-Oppressive Practice Social Care and the Law*, Open University Press

Dalrymple, J. and Burke, B.（2008）*Anti-Oppressive Practice Social Care and the Law*, 2nd republished edition, Open University Press

Dalrymple, J. and Horan, H.（2008a）Best Practice in Child Advocacy: Matty's Story, Jones, K., Cooper, B., and Ferguson, H., eds, *Best Practice in Social*

Work: Critical Perspectives, Palgrave Macmillan: 164-180
Dalrymple, J. and Horan, H. (2008b) Advocacy in Child Protection Conferences, Oliver, C. and Dalrymple, J., eds, *Developing Advocacy for Children and Young People: Current Issues in Research, Policy and Practice*, Jessica Kingsley Publishers: 64-80
Dalrymple, J. and Oliver, C. (2008) Advocacy, Participation and Voice, Oliver, C. and Dalrymple, J., eds, *Developing Advocacy for Children and Young People: Current Issues in Research, Policy and Practice*, Jessica Kingsley Publishers: 204-214
Dalrymple, J., Payne, M., Tomlinson, T., and Ward, S. (1995) *'They Listened to Him': Report to the Gulbenkian Foundation*, ASC and Manchester Metropolitan University
DCSF [Department for Children, Schools and Families] (2007) *The Children's Plan: Building Brighter Futures*, DCSF Publications
DCSF (2008) *Care Matters: Time to Deliver for Children in Care*, DCSF Publications
DCSF (2009) *The Protection of Children in England: Action Plan. the Government's Response to Load Laming*, DCSF Publications
DCSF (2010a) *IRO Handbook: Statutory Guidance for Independent Reviewing Officers and Local Authorities On Their Functions in Relation to Case Management and Review for Looked After Children*, DCSF Publications
DCSF (2010b) *Working Together to Safeguard Children: A Guide to Interagency Working to Safeguard and Promote the Welfare of Children*, DCSF Publications
DfES [Department for Education and Skills] (2004a) *Get it Sorted: Providing Effective Advocacy Services for Children and Young People Making a Complaint under the Children Act 1989*, DfES Publications
DfES (2004b) *Every Child Matters: Change for Children*, DfES Publications
DfES (2006) *Getting the Best from Complaints Social Care Complaints and Representations for Children, Young People and Others*, DfES Publications
DfES and Department of Health (2004) *National Service Framework for Children, Young People and Maternity Services*, DfES and DoH Publications
DoH [Department of Health] (1998) *The Quality Protects Programme: Transforming Children's Services*, HMSO
DoH (2000) *Learning the Lessons - the Government's Response to Lost in Care: the Report of the Tribunal of Inquiry into the Abuse of Children in Care in*

  the former County Council Areas of Gwynedd and Clwyd since 1974, The Stationary Office
DoH（2002a）*Children's Homes: National Minimum Standards, Children's Homes Regulations*, DoH Publications
DoH（2002b）*Fostering Services: National Minimum Standards, Fostering Services Regulations*, DoH Publications
DoH（2002c）*National Standards for the Provision of Children's Advocacy Services*, DoH Publications（=2009, 堀正嗣「子どもアドボカシーサービス提供のための全国基準」堀正嗣・栄留里美『子どもソーシャルワークとアドボカシー実践』明石書店、第1刷: 65-192）（=2014, 同、第2刷）
DoH（2010）Independent Mental Health Advocates（http://www.dh.gov.uk/en/Healthcare/Mentalhealth/InformationontheMentalHealthAct/DH_091895, 2011/03/20）
DoH, Home Office and Department for Education and Employment（1999）*Working Together to Safeguard Children: A Guide to Inter-Agency Working to Safeguard and Promote the Welfare of the Child*, The Stationary Office（=2002, 松本伊智朗・屋代通子訳『子ども保護のためのワーキングトゥギャザー――児童虐待対応のイギリス政府ガイドライン』医学書院）
栄留里美（2009a）「イギリスにおける子ども虐待対応と子どもアドボケイト」堀正嗣・栄留里美『子どもソーシャルワークとアドボカシー実践』明石書店: 83-108
栄留里美（2009b）「イギリスにおける子どもアドボケイトの実際」堀正嗣・栄留里美『子どもソーシャルワークとアドボカシー実践』明石書店: 109-126
栄留里美（2009c）「日本の子ども虐待ソーシャルワークの現状と課題」堀正嗣・栄留里美『子どもソーシャルワークとアドボカシー実践』明石書店: 126-140
栄留里美（2009d）「日本の子どもソーシャルワークにおける参加の位置づけとアドボケイトの可能性」堀正嗣・栄留里美『子どもソーシャルワークとアドボカシー実践』明石書店: 141-164
栄留里美（2011a）「イギリスの子ども政策における参加とアドボカシー」堀正嗣編『イギリスの子どもアドボカシー――その政策と実践』明石書店: 35-45
栄留里美（2011b）「ウィルトシャー州における独立アドボケイトの実際――ファミリーグループ・カンファレンスを中心に」堀正嗣編『イギリスの子どもアドボカシー――その政策と実践』明石書店: 101-116
栄留里美（2011c）「ファミリーグループ・カンファレンスにおける独立アドボケイトの意義と課題」堀正嗣編『イギリスの子どもアドボカシー――その政策

と実践』明石書店: 117-129

栄留里美（2011d）「ウェールズにおける苦情解決制度と子どもアドボカシー」堀正嗣編『イギリスの子どもアドボカシー――その政策と実践』明石書店: 131-144

栄留里美（2011e）「子どもアドボケイトの養成と提供」堀正嗣編『イギリスの子どもアドボカシー――その政策と実践』明石書店: 163-181

栄留里美（2014a）「イングランドの独立訪問アドボケイト――フィールドワークを中心に」『児童相談センター年報』: 89-91

栄留里美（2014b）「ソーシャルワーカーのアドボカシー機能の課題――子どもの「最善の利益」をめぐるイギリスの独立アドボケイトとの比較から」『九州社会福祉学年報』6: 1-9

栄留里美（2014c）「児童養護施設入所児童に対する権利代弁機能の検討」『鹿児島国際大学大学院学術論集』6: 9-19

Every Child Matters, Participation of Children and Young People（http://www.everychildmatters.gov.uk/participation/, 2009/05/02）

Ferguson, I.（2008）*Reclaiming Social Work: Challenging Neo-liberalism and Promoting Social Justice*, SAGE Publication（=2012, イアン・ファーガスン、石倉康次・市井吉興監修『ソーシャルワークの復権――新自由主義への挑戦と社会正義の確立』クリエイツかもがわ）

Finlay, J.（1998）平野裕二訳「カナダにおける子どもの権利擁護　ジュディ・フィンレイさん講演」『月刊子ども論』135: 7-14

FRG［Family Rights Group］（2004a）*Training Manual: Young People's Views at Family Group Conferences*, FRG

FRG（2004b）*Guide 1: Guide for Young People and Children: Getting the Most from Your Family Group Conference*, FRG

FRG（2004c）*Guide 2: Guide for Families: Involving Young People and Children in Family Group Conferences*, FRG

FRG（2004d）*Guide 3: Guide for Co-coordinators: Involving Young People and Children in Family Group Conferences*, FRG

FRG（2004e）*Guide 4: Guide for Referrers: Involving Young People and Children in Family Group Conferences*, FRG

FRG（2009）Report on the Impact of the Public Law Outline on Family Group Conference Services in England & Wales: 1-124（http://www.frg.org.uk/pdfs/Report%20on%20the%20impact%20of%20the%20PLO%20Final.pdf, 2010/09/20）

外務省（1996）「日本政府第1回報告　D. 意見表明の機会（第12条）」（http://

www.mofa.go.jp/mofaj/gaiko/jido/9605/5a_010.html, 2009/05/01）
外務省（2001）「日本政府第2回報告　D.第12条（児童の意見の尊重）」（http://www.mofa.go.jp/mofaj/gaiko/jido/0111/11a_020.html, 2009/05/01）
外務省（2008）「日本政府第3回報告　D.第12条（児童の意見の尊重）」（http://www.mofa.go.jp/mofaj/gaiko/jido/pdfs/0804_kj03.pdf, 2009/05/01）
Gill, H., Higginson, L. and Napier, H.（2003）Family Group Conferences in Permanency Planning, *Adoption & Fostering*, 27（2）: 53-63
橋本宏子（1993）「〈覚書〉イギリスにおける苦情処理手続──福祉サービスの場合」『神奈川法学』28（1）: 307-399
橋本好広（2010）「子どもの権利擁護サービスとしての「スクールソーシャルワーカー活用事業」──オンブズマンとの連携を見据えて」『ライフデザイン学研究』6: 237-245
林浩康（2008）『子ども虐待時代の新たな家族支援──ファミリーグループ・カンファレンスの可能性』明石書店
Henderson, R. and Pochin, M.（2001）*A Right Result?: Advocacy, Justice and Empowerment*, The Policy Press
平野裕二（2004）「子どもの権利条約の実施における「権利基盤型アプローチ」の意味合いの考察」（今日の焦点：「権利基盤型アプローチ」にどう応えるか──国連・子どもの権利委員会勧告を生かす）『子どもの権利研究』(5): 78-85
平野裕二（2007）「国連・子どもの権利委員会一般的意見」（http://homepage2.nifty.com/childrights/crccommittee/generalcomment/, 2007/08/15）
HM Treasury and DCSF（2007）*Aiming High for Young People: A Ten Year Strategy for Positive Activities*, HM Treasury.
Holland, S. and O'Neill, S.（2006）'We Had to be There to Make Sure It Was What We Wanted': Enabling Children's Participation in Family Decision Making Through the Family Group Conference, *Childhood*, 13（1）: 91-110
Holland, S., Scourfield, J. O'Neill, S. and Pithouse, A.（2005）Democratising the Family and the State?: The Case of Family Group Conferences in Child Welfare, *Journal of Social Policy*, 34（1）: 59-77
Horan, H. and Dalrymple, J.（2003）Promoting the Participation Rights of Children and Young People in Family Group Conferences, *Practice*, 15（2）: 1-7
堀正嗣（1998）「障害者運動におけるアドボカシーと子どもアドボカシー」『子ども情報研究センター研究紀要』15: 59-70
堀正嗣（2001）「子どもの権利擁護──子どもとおとなの共生を求めて」堀正嗣

編著、黒川衣代・尾崎公子ほか『子ども・権利・これから』明石書店：207-234
堀正嗣（2003）『子どもの権利擁護と子育ち支援』明石書店
堀正嗣（2009）「アドボカシーの本質としてのセルフアドボカシー」堀正嗣・栄留里美『子どもソーシャルワークとアドボカシー実践』明石書店：13-24
堀正嗣（2011a）「子どもコミッショナーによるアドボカシー実践——ウェールズと北アイルランドを中心に」堀正嗣編『イギリスの子どもアドボカシー——その政策と実践』明石書店：51-67
堀正嗣（2011b）「子どもコミッショナーの意義と課題——スコットランド・イングランドを中心に」堀正嗣編『イギリスの子どもアドボカシー——その政策と実践』明石書店：69-83
堀正嗣（2011c）「障害児の参加とアドボカシー」堀正嗣編『イギリスの子どもアドボカシー——その政策と実践』明石書店：145-162
堀正嗣・栄留里美（2009）『子どもソーシャルワークとアドボカシー実践』明石書店
福田公教（2001）「児童福祉改革に関する一考察——子どもの権利擁護の視点から」『奈良佐保短期大学研究紀要』9: 33-39
古川孝順編（2000）『子どもの権利と情報公開——福祉の現場で子どもの権利は守られているか！』ミネルヴァ書房
市川太郎（2008）「児童福祉施設に求められること——当事者参加視点からの現状と課題および展望（特別企画　児童福祉施設——子どもの育ちを支える）」『こころの科学』137: 59-65
井上仁（2010）「子どもの権利擁護から見た児童虐待防止法の課題——法改正と制度の整備」『福祉労働』128: 17-27
Jenkins, P. (1995) Advocacy and the UN Convention on the Rights of the Child, Dalrymple, J. and Hough, J. eds, *Having a Voice, An Exploration of Children's Rights and Advocacy*, Venture Press: 31-52
神陽子（2009）「英国における子どもに関する公的サービスの展開」『青少年子どもをめぐる諸問題　総合調査報告書』国立国会図書館調査及び立法考査局：208-220
門田光司（2010）「わが国での学校ソーシャルワーク実践の展開——どのような「学校ソーシャルワーク」の実践をするのか」『学校ソーシャルワーク実践』ミネルヴァ書房：127-193
菅原太郎（1996）「「児童の権利に関する条約」ウォッチング（5）子どもの参加を考えながら」『世界の児童と母性』41: 60-63
金澤周作（2008）『チャリティとイギリス近代』京都大学学術出版会

柏女霊峰（2008）「子どもの権利を保障するための視点──子ども家庭福祉の再構築期を迎えて」（特集　子どもの権利を守る）『月刊福祉』91（1）: 12-17

Kate Mercer Training（2009）Involving Service Users（http://www.katemercer-training.com/involvingserviceusers.html, 2011/03/20）

加藤純（2010）「東京都子供の権利擁護専門職制度相談事業の実践より」（特集　あらためて「社会的養護」と「権利擁護」のつながりを考える──養育のいとなみが豊かに展開されることを願って）『児童養護』41（3）: 22-25

加藤曜子（1988）「米国における青少年民間福祉機関の成立──Children's Rights と Child Advocacy の視点から」『社会福祉研究』42: 82-86

川村百合（2004）「少年の意見表明権の保障と付添人活動」（子どもの権利条約批准 10 周年記念特集　子どもの意見表明・参加の権利：少年司法における「対話」──意見表明権との関連で）『子どもの権利研究』5: 39-42

川村百合（2010）「子どもに対する法律援助事業の意義と展望」（特集　日弁連法律援助事業の意義と展望）『自由と正義』61（10）: 26-30

河原畑優子（2011）「社会的養護とピアアドボカシー──ボイス・フロム・ケアの取り組みから」堀正嗣編『イギリスの子どもアドボカシー──その政策と実践』明石書店: 183-198

木戸利秋（2013）「イギリスの若者の貧困と社会福祉の動向」『日本福祉大学社会福祉論集』129: 99-106

木原活信（2001）「ソーシャルワークにおけるアドボカシー概念の起源と原型──パラクレートスの思想をめぐって」『キリスト教社会福祉学研究』（34）: 33-40

喜多明人（2009）「第 12 条」喜多明人・森田明美・広沢明・荒牧重人編『［逐条解説］子どもの権利条約』日本評論社: 99-108

Kendrick, M. J.（2006）The Inevitable Loneliness of Personal Advocacy, 18, Kendrick Consulting（http://www.kendrickconsulting.org/pubs.asp?pid=0&ctid=15&cid=0&tr=SITEMENU, 2011/03/20）

Knight, A. and Oliver, C.（2007）Advocacy for Disabled Children and Young People: Benefits and Dilemmas, *Child & Family Social Work*, 12（4）: 417-425

Knight, A. and Oliver, C.（2008）Providing Advocacy for Disabled Children, Including Children without Speech, Oliver, C. and Dalrymple, J. eds, *Developing Advocacy for Children and Young people: Current Issues in Research, Policy and Practice*, Jessica Kingsley Publishers: 116-130

小林大（2012）「居場所をなくす不安と闘いながら」『施設で育った子どもたちの語り』編集委員会『施設で育った子どもたちの語り』明石書店: 14-21

「子どもが語る施設の暮らし」編集委員会編（2003）『子どもが語る施設の暮らし 2』明石書店
子どもの権利研究（2009）「目黒区の子どもの権利擁護委員と相談・救済」『子どもの権利研究』14: 87-90
子供の権利擁護専門相談事業（掲載年不明）「子供の権利擁護専門相談事業」（http://www.fukushihoken.metro.tokyo.jp/jicen/annai/keriyougo.html, 2014/03/01）
国際教育法研究会訳（1994）「国連子どもの権利に関する条約」（http://www.childline.or.jp/supporter/kenri/text02.html, 2014/05/15）
許斐有（1991）「児童福祉における「子どもの権利」再考——子どもの権利条約の視点から」（特集 今日の児童問題と児童憲章40年——高齢化社会のなかで）『社会福祉研究』52: 49-55
許斐有（1996）『子どもの権利と児童福祉法』信山社
許斐有（1999）「児童福祉領域における子どもの権利擁護の課題——カナダのアドボカシーシステムを手がかりとして」『子ども情報研究センター研究紀要』16: 5-12
許斐有（2000）「子どもの権利擁護システムの必要性と課題——児童福祉分野での子どもの権利保障実現に向けて」『社会問題研究』49 (2): 143-164
許斐有（2001）『子どもの権利と児童福祉法——社会的子育てシステムを考える』信山社
許斐有・野田正人・望月彰編ほか（2002）『子どもの権利と社会的子育て——社会的子育てシステムとしての児童福祉』信山社出版
Korczak, J., Joseph, S. ed.（1999）*A Voice for the Child: The Inspirational Words of Janusz Korczak*, Thorsons Pub.（=2001, 津崎哲雄訳『コルチャック先生のいのちの言葉』明石書店）
厚生労働省（2005）「市町村児童家庭相談援助指針」（http://www.mhlw.go.jp/bunya/kodomo/dv-soudanjo-sisin-honbun.html 2008/09/01）
厚生労働省（2007a）「児童相談所運営指針」（http://www-bm.mhlw.go.jp/bunya/kodomo/dv19/01.html, 2008/09/01）
厚生労働省（2007b）「子ども虐待の対応の定義 7章：児童福祉審議会の意見聴取」（http://www.mhlw.go.jp/bunya/kodomo/dv12/07.html, 2014/03/05）
厚生労働省（児童養護施設等の社会的養護の課題に関する検討委員会・社会保障審議会児童部会社会的養護専門委員会とりまとめ）（2011）「社会的養護の課題と将来像」（http://www.mhlw.go.jp/bunya/kodomo/syakaiteki_yougo/dl/08.pdf, 2014/12/25）
厚生労働省（2012）「児童養護施設運営指針」（http://www.shakyo-hyouka.net/

yogo/21sisin.pdf, 2014/03/01)
厚生労働省（2014）「平成25年度における被措置児童等虐待への各都道府県市の対応状況について」(http://www.mhlw.go.jp/file/06-Seisakujouhou-11900000-Koyoukintoujidoukateikyoku/0000080222.pdf, 2015/06/28)
厚生労働省（2015）「社会的養護の課題と将来像の実現に向けて」(http://www.mhlw.go.jp/bunya/kodomo/syakaiteki_yougo/dl/yougo_genjou_02.pdf, 2015/06/25)
厚生労働省社会保障審議会児童部会社会的養護専門委員会（2012）「児童養護施設等の小規模化及び家庭的養護の推進のために（概要）」(http://www.mhlw.go.jp/seisakunitsuite/bunya/kodomo/kodomo_kosodate/syakaiteki_yougo/dl/working4.pdf, 2015/06/28)
厚生省（2000a）「社会福祉事業の経営者による福祉サービスに関する苦情解決の仕組みの指針について」(http://www.g-shakyo.or.jp/wp-content/data/2010/01/sisin2.pdf, 2013/03/01)
厚生省（2000b）「運営適正化委員会等の設置要綱について」(http://www.ipss.go.jp/publication/j/shiryou/no.13/data/shiryou/syakaifukushi/806.pdf, 2013/03/01)
久保田潤（2003）「規則は押しつけられるものではないはず」「子どもが語る施設の暮らし」編集委員会編『子どもが語る施設の暮らし2』明石書店: 99-110
Laming, L.（2003）The Victoria Climbie Inquir Report of an Inquiry by Lord Laming (http://www.victoria-climbie-inquiry.org.uk/finreport/finreport.htm, 2009/04/01)
Laws, S. and Kirby, P.（2007）*Under The Table Or At the Table?: Advocacy for Children in Family Group Conferences for the Brighton & Hove Children's Fund Partnership and the Brighton and Hove Daybreak FGC Project*, Brighton and Hove Daybreak FGC Project, 1-72
Laws, S. and Kirby, P.（2008）At the Table or Under the Table? Children's Participation in Family Group Conferences - A Comparative Study of the Use of Professional Advocates and Family Supporters, Oliver, C., Dalrymple, J eds, *Developing Advocacy for Children and Young People: Current Issues in Research, Policy and Practice*, Jessica Kingsley Publishers: 81-98
Laws, S. and Kirby, P.（2010）Advocacy for Children in Family Group Conferences: Reflections on Personal and Public Decision Making, Percy-Smith, B. and Thomas, N. eds, *A Handbook of Children and Young People's Participation : Perspectives from Theory and Practice*, Routledge: 113-120

Marsh, P. and Crow, G.(1998)*Family Group Conferences in Child Welfare (Working Together for Children, Young People and Their Families)*, Blackwell

松原康雄(2000)「第1部 Ⅲ 子どもの権利擁護システムと情報公開」古川孝順編『子どもの権利と情報公開』ミネルヴァ書房:33-46

Melton, G.(1987)Children, Politics and Morality: The Ethics of Child Advocacy, *Journal of Clinical Child Psychology*, 16(4):357-367

蓑毛良助・趙陽(2012)「虐待予防に関する一考察――ハイリスクの母親の支援を中心として」『鹿児島国際大学福祉社会学部児童相談センター年報』25:6-16

三田地宣子(1977)「1975年 Children Act と子の福祉――養子法を中心として(1)」『Artesliberales』20:7-19

Mitchell, F.(2007)*When Will We Be Heard?: Advocacy Provision for Disabled Children and Young People in England*, The Children's Society

Mnookin, R. H. and Szwed, E.(1983)The 'Best Interests' Syndrome as the Allocation of Power in Child Care, Geach, H. and Szwed, E. eds, *Providing Civil Justice for the Child*, Edward Arnold:7-20

森田ゆり(1999)「コメント1 アメリカの法とその実践――マルティ・ディシプナリー・アプローチ」明治学院大学法学部立法研究会編『児童虐待――わが国における現状と課題』信山社:54-66

村井美紀(2010)「児童養護施設における子どもの人権擁護と実践課題」『社会福祉研究』107: 37-43

村田紋子(2001)「児童養護施設における権利擁護の現状と課題」(特集 権利擁護とソーシャルワーク)『ソーシャルワーク研究』27(1):19-25

長瀬正子(2003)「「子どもの権利ノート」の現状と課題――児童養護施設における子どもの権利擁護に関する実証的研究」『教育学研究論集』1:59-69

長瀬正子(2004)「社会的養護のもとで暮らす子ども・若者の参加――児童養護施設における子どもの権利擁護の取り組みに注目して」『社會問題研究』54(1):61-82

長瀬正子(2005)「児童養護施設における子どもの権利擁護に関する一考察――「子どもの権利ノート」の全国的実態とテキスト分析を中心に」『社会福祉学』46(2):42-51

長瀬正子(2011)「児童養護施設における子どもの権利擁護に関する実証的研究――「子どもの権利ノート」に焦点をあてて」博士学位論文、大阪府立大学大学院社会福祉学研究科

日本弁護士連合会家事法制委員会編(2010)『家事事件における子どもの地位

──「子ども代理人」を考える』日本加除出版

日本教育法学会子どもの権利条約研究特別委員会（1998）『提言［子どもの権利］基本法と条例』三省堂

新村出編（2008）『広辞苑　六版』岩波書店

二宮周平（2004）「子どもの意見表明権と家族・福祉法制」（子どもの権利条約批准10周年記念特集　子どもの意見表明・参加の権利）『子どもの権利研究』5: 12-19

Nixon, P., Burford, G. and Quinn, A.（2005）*A Survey of International Practices, Policy & Research on Family Group Conferencing and Related Practices*, 1-97（http://www.frg.org.uk/pdfs/Family%20Group%20 practices%20 report.pdf, 2010/09/20）

NYAS［National Youth Advocacy Service］（2010）SERVICES - Fieldwork（http://www.nyas.net/services/fieldwork.html, 2011/03/20）

Office of the United Nations High Commissioner for Human Rights（1989）*Convention on the Rights of the Child*（http://193.194.138.190/html/menu2/6/crc/treaties/crc.htm, 2009/03/03）（=1989, 政府訳「児童の権利に関する条約全文」http://www.mofa.go.jp/mofaj/gaiko/jido/zenbun.html, 2009/03/03）

Ofsted（2011）*Children's Care Monitor 2011: Children on the State of Social Care in England Reported by the Children's Rights Director for England.*

岡村東洋光・高田実・金澤周作（2012）『英国福祉ボランタリズムの起源──資本・コミュニティ・国家』ミネルヴァ書房

奥田陸子編（2009）『ヒア・バイ・ライト（子どもの意見を聴く）の理念と手法──若者の自立支援と社会参画を進めるイギリスの取り組み』萌文社

Oliver, C.（2008）Setting the Scene: Funding, Patterns of Advocacy Provision and Children's Access to Advocacy Services, Oliver, C. and Dalrymple, J. eds, *Developing Advocacy for Children and Young People: Current Issues in Research, Policy and Practice*, Jessica Kingsley Publishers: 26-44

Oliver, C. and Dalrymple, J. eds（2008）*Developing Advocacy for Children and Young People: Current Issues in Research, Policy and Practice*, Jessica Kingsley Publications

Oliver, C., Knight, A. and Candappa, M.（2005）*Advocacy for Looked After Children and Children in Need: Findings of a Telephone Survey of Advocacy Services*, University of London

Oliver, C., Knight, A. and Candappa, M.（2006）*Advocacy for Looked After Children and Children in Need: Achievements and Challenges*, Thomas Coram Research Unit, CHIL

大阪府健康福祉部児童家庭課・大阪府子ども家庭センター（2002）「「子どもの権利ノート」についてのアンケート調査結果報告書」

大阪精神医療人権センター（掲載年不明a）「運営要綱」（http://jinken.s3.valueserver.jp/wordpress/wp-content/uploads/ombuneiyoukou.pdf, 2014/08/01）

大阪精神医療人権センター（掲載年不明b）「大阪における精神科病院への訪問活動のうつりかわり」（http://www.psy-jinken-osaka.org/?page_id=1548, 2015/10/15）

大竹智（2013）「子どもの意見表明および苦情解決の仕組みとその活用」相澤仁編集代表・松原康雄編『子どもの権利擁護と里親家庭・施設づくり』（やさしくわかる社会的養護シリーズ2）明石書店：53-63

大和田叙奈（2002）「児童福祉法と子どもの権利――意見表明権を保障する視点から」『司法福祉学研究』2: 69-80

Oxford City Council (2008) Working Out Your LHA if You Are a Care Leaver Under 22 (http://www.oxford.gov.uk/PageRender/decCB/Care_leaver_under_22_occw.htm, 2011/05/08)

Payne, H. and Pithouse, A. (2006) More Aspiration Than Achievement?: Chilren's Complains and Advocacy in Health Services in Wales, *Health and Social Care in the Community*, 14 (6): 563-571

Phillipson, J. (1992) *Practicing Equality: Women, Men and Social Work*, CCETSW

Pithouse, A. and Crowley, A. (2007a) National Standards in Children's Advocacy - What do Young People Say?, *Child Care in Practice*, 13 (1), 17-32

Pithouse, A. and Crowley, A. (2007b) Adults Rule? Children, Advocacy and Complaints to Social Services, *Children & Society*, 21: 201-213

Pithouse, A. and Crowley, A. (2008) Complaints and Children's Advocacy in Wales: Getting behind the Rhetoric, Oliver, C. and Dalrymple, J. eds, *Developing Advocacy for Children and Young People: Current Issues in Research, Policy and Practice*, Jessica Kingsley Publishers: 132-149

Pithouse, A., Parry, O., Crowley, A., et al. (2005) *A Study of Advocacy Services for Children and Young People in Wales*, WAG

Robertson, J. (1996) Research on Family Group Conferences in Child Welfare in New Zealand, Hudson, J., Morris, A., Maxwell, G. and Galaway, B. eds, *Family Group Conferences: Perspectives on Policy and Practice*, The Federation Press, 49-64

才村純（2005）『子ども虐待ソーシャルワーク論――制度と実践への考察』有斐

閣

才村眞理（2003）「児童虐待防止における自治体ソーシャルワークに関する一考察」『社会福祉学』43（2）: 33-45

Samuel, J. (2002) What is People-centred Advocacy? *PLA Notes*, 43: 9-12

佐藤淑子（2004）『イギリスのいい子　日本のいい子――自己主張とがまんの教育学』中公新書

妹尾洋之・新納拓爾・山下真弘（2010）「家族再統合における当事者・援助者双方の安心感確立の試み」『日本子ども虐待防止学会第16回学術集会くまもと大会』日本子ども虐待防止学会: 189

社会的養護の当事者参加推進団体日向ぼっこ編（2009）『施設で育った子どもたちの居場所「日向ぼっこ」と社会的養護』明石書店

Shaw, M. and Frederick, J. (1999) *Family Group Conferencing With Children Under Twelve: A Discussion Paper*, Frederick: 1-43（http://www.ncjrs.gov/App/Publications/abstract.aspx?ID=186900, 2010/09/20）

新保幸男（1998）「児童福祉法改正と要保護児童福祉施策」（特集　児童福祉法改正――就労と子育ての両立）『季刊社会保障研究』34（1）: 44-54

湘南ふくしネットワークオンブズマン（掲載年不明）「事業内容」（http://www.npo-snet.com/katudou/katudou.html, 2014/04/01）

柴崎智恵子（2005）「家族ケアを担う児童の生活に関する基礎的研究――イギリスの"Young Carers"調査報告書を中心に」『人間福祉研究』8、田園調布学園大学人間福祉学部: 125-143

『施設で育った子どもたちの語り』編集委員会編（2012）『施設で育った子どもたちの語り』明石書店

Stein, M. (2011) *Care Less Lives: The Story of the Rights Movement of Young People in Care*, Catch 22（=2014, 津崎哲雄訳『英国の社会的養護当事者の人権擁護運動史――意見表明による劣等処遇克服の歩み』明石書店）

菅富美枝（2010a）「自己決定を支援する法制度、支援者を支援する法制度」『大原社会問題研究所雑誌』622: 33-49

菅富美枝（2010b）『イギリス成年後見制度にみる自律支援の法理――ベスト・インタレストを追求する社会へ』ミネルヴァ書房

鈴木力編（2003）『児童養護実践の新たな地平――子どもの自立支援と権利擁護を実現するために』川島書店

鈴木力（2005）「施設養護における子どもの権利と人権を擁護する養育の質的向上への視点」『社会福祉』46:13-26

田畑洋一（2013a）「ドイツにおける子どもの貧困（1）」『鹿児島国際大学福祉社会学部論集』32（1）: 16-28

田畑洋一（2013b）「ドイツにおける子どもの貧困（2）」『鹿児島国際大学福祉社会学部論集』32（2）: 2-14
高木眞知子（2008）「子どもの自立のための権利擁護と家庭支援――子ども家庭福祉ソーシャルワークの専門性」『東北福祉大学大学院総合福祉学研究科社会福祉学専攻紀要』6: 53-66
高橋重宏編（2000）『子どもの権利擁護――神奈川県の新しいとりくみ』中央法規
高橋重宏・木村真理子（1995）「子どもの権利擁護と子ども家庭サービス・システム構築への課題――カナダ3州（ブリティッシュコロンビア州・オンタリオ州・ケベック州）における子どもの権利擁護の動向」（子ども家庭サービスのあり方と実施体制に関する基礎的研究）『日本総合愛育研究所紀要』32: 161-169
高橋重宏・中谷茂一・荒川裕子ほか（2000）「児童養護施設における子どもの権利擁護に関する研究」『日本子ども家庭総合研究所紀要』37: 7-35
高橋重宏・農野寛治・前川朋子（1996）「子どもの権利擁護のあり方に関する研究――大阪府「子どもの権利ノート」の成果と課題を中心に」『日本総合愛育研究所紀要』33: 207-239
高山忠雄編（1998）『保健福祉におけるトップマネジメント――保健福祉サービスの経営管理を考える』中央法規
竹中哲夫（2006）「子どもの権利擁護システムの到達点と課題」（特集1　子どもの権利を護る生活づくり）『児童養護』36（3）: 15-18
田邉泰美（2006）『イギリスの児童虐待防止とソーシャルワーク』明石書店
田中文子・堀正嗣編（2007）『子どもの権利擁護と市民の役割――格差社会からつながる社会へ』明石書店
田中文子（2009）「子どもNPO・市民活動の20年――子ども・家庭の権利擁護と市民の役割」（特集　子どもの権利条約の20年――なにが変わったのか）『子どもの権利研究』15: 52-56
田澤あけみ・福知栄子・林浩康（2002）『新児童福祉論――保護型から自立・参加型児童福祉へ』法律文化社
Templeton, J. and Kemmis, J. (1998) *How Do Young People and Children Get Their Voices Heard?: Feedback from Young People and the VCC Services in London*, Voice for the Child in Care
Thomas, N. (2005) *Social Work with Young People in Care: Looking After Children in Theory and Practice*, Palgrave Macmillan
Thomas, T. (2004) *Report: Report on the Findings of the Consultation on the Views of Young People in Family Group Conferences*, FRG

津崎哲雄（1982）「英国児童養護における利用者のサービス評価活動の展開とその意義」『四條畷学園女子短期大学研究論集』16: 111-130

津崎哲雄（1987）「英国児童養護における利用者参加──「養護児童の声」活動と全国養護児童協会」『ソーシャルワーク研究』12（4）: 240-245

津崎哲雄（1990）「英国における児童養護改革の視座」『佛教大学研究紀要』74: 113-137

津崎哲雄（1991）「我国における「養護児童の声」運動の可能性──全国養護施設高校生交流会の展開とその意義」『佛教大学研究紀要』75: 183-209

津崎哲雄（1993）「子どもの意見表明権と施設養護改革」（特集　社会福祉における権利擁護と利用者主体の思想──「福祉の質」が問われる時代）『社会福祉研究』57: 42-47

津崎哲雄（1997）「こんなめにあって一体だれを信頼せよというのか？──英国における施設内虐待に対する被害児童の意見表明」『社会学部論集』30、佛教大学社会学部: 193-208

津崎哲雄（1999a）「英国における子どもの権利擁護の動向」（特集　子どもの権利擁護：外国の子どもの権利擁護の実際）『世界の児童と母性』46: 58-61

津崎哲雄（1999b）「英国における児童福祉施設監査制度と子どもの意見表明」『社会学部論集』32、佛教大学社会学部: 163-180

津崎哲雄（2008）「研究1　諸外国における社会的養護体制　1. 英国」庄司順一（主任研究者）『社会的養護体制に関する諸外国比較に関する調査研究』財団法人こども未来財団: 3-9

津崎哲雄監修・著訳、レイサ・ペイジ、ジョージ・A・クラーク原著編（2010）『養護児童の声──社会的養護とエンパワメント』福村出版

津崎哲雄（2013）『英国の社会的養護の歴史──子どもの最善の利益を保障する理念・施策の現代化のために』明石書店

UK Parliament Human Right Act（1998）（=2010, 田島祐『イギリス憲法典──1998年人権法』（信山文庫2）信山社

Voice（2010a）Home（http://www.voiceyp.org/ngen_public/default.asp, 2011/03/20）

Voice（2010b）Our services（http://www.voiceyp.org/ngen_public/default.asp?id=9, 2011/03/20）

Voice（2013）Advocacy for YP in Secure Homes（http://www.voiceyp.org/professional-zone/advocacy-yp-secure-homes, 2013/05/15）

Voices from Care（2010）（http://www.voicefromcarecymri.org.uk, 2010/11/28）

Voscur（2010）Advocacy Skills for Children and Young People in Family Group Conferences（http://www.voscur.org/node/7704, 2010/09/20）

WAG [Welsh Assembly Government] (2002) *National Minimum Standards for Children's Homes*, WAG
WAG (2003a) *National Minimum Standards Fostering Services Regulations*, WAG
WAG (2003b) *National Standards for the Provision of Children's Advocacy Services*, WAG
WAG (2004a) *The National Service Framework for Children, Young People and Maternity Services*, WAG
WAG (2004b) *Providing Effective Advocacy Services for Children and Young People Making a Complaint*, WAG
WAG (2005) *Listening and Learning: A Guide to Handling Complaints and Representations in Local Authority Social Services in Wales*, WAG
WAG (2009) *A Guide to the Model for Delivering Advocacy Services for Children and Young People*, WAG
WAG (2010a) *Advocacy Update*, WAG
WAG (2010b) History (http://new.wales.gov.uk/about/history/?lang=en, 2010/11/28)
WAG (2010c) Sexual Identity, Ethnicity and Religion: Experimental Results from the Integrated Household Survey, April 2009 to March 2010 (http://wales.gov.uk/topics/statistics/headlines/equality2009/100923/?lang=en, 2010/11/28)
WAG, National CAMHS Support Services, Dalrymple, J. and et al. (2009a) *Tutor Resource Training Materials (Level 3) Certificate in Independent Advocacy (7566) and Specialist (Level 4) Unit 309: Independent Advocacy with Children and Young People*, City & Guilds
WAG, National CAMHS Support Services, Dalrymple, J. and et al. (2009b) *Unit 309 Independent Advocacy with Children and Young People: Self study Pack*, City & Guilds
Wallis, L. and Frost, N. (1998) *Cause for Complaint: The Complaints Procedure for Young People in Care*, The Children's Society
Waterhouse, R. (2000) *Lost in Care: Report of Tribunal of Inquiry into the Abuse of Children in Care in the Former County Council Areas of Gwynedd and Clwyd since 1974*, The Stationary Office
Wattam, C. (1999) Confidentiality and the Social Organisation of Telling, Parton, N. and Wattam, C. eds, *Child Sexual Abuse, Responding to the Experiences of Children*, John Wiley & Sons, Ltd: 71-89

Wilson, C. (1995) Issues for Children and Young People in Local Authority Accomodation, Cloke, C. and Davies, M. eds, *Participation and Empowerment in Child Protection*, John Wiley & Sons, Ltd: 140-153

Wyllie, J. (1999) *The Last Rung of the Ladder: An Examination of the Use of Advocacy by Children and Young People in Advancing Participation Practice within the Child Protection System*, The Children's Society

矢吹芳洋（1998）「子どもの意見表明権と手続保障」日本教育法学会子どもの権利条約研究特別委員会編『提言［子どもの権利］基本法と条例』三省堂：147-159

山縣文治（2001）「児童養護施設で暮らす子どもの権利と実践の課題」（特集　児童憲章の半世紀——子供の権利と子供家庭福祉の課題：各論）『社会福祉研究』82: 50-56

山縣文治（2008）「子どもの権利擁護・権利保障と児童福祉施設——専門職の視点から」（特集　子どもの権利を守る）『月刊福祉』91（1）: 26-29

山縣文治・土井ヒサ子（1998）「要保護児童の施設生活と満足度——子どもの権利保障との関係で」『大阪市社会福祉研究』21: 10-24

山本真実（2000）「子どもの権利擁護システムの確立に向けて——児童育成計画（地方版エンゼルプラン）における「子どもの権利擁護」を例として」古川孝順ほか『子どもの権利と情報公開——福祉の現場で子どもの権利は守られているか！』ミネルヴァ書房：149-169

山野則子（2001）「ソーシャルワーカーのアドボカシー機能について——虐待ケースの事例分析に基づいて」『子どもの虐待とネグレクト』3（2）: 325-331

山屋春恵（2007）「学校における子どもの権利擁護——スクールソーシャルワーカーの可能性とその役割を中心に」『秋草学園短期大学紀要』24: 213-224

矢野雅章（2003）「お父さんがもう少し長生きしてくれたら」「子どもが語る施設の暮らし」編集委員会編『子どもが語る施設の暮らし2』明石書店：87-98

吉田恒雄（2009）「子ども虐待および社会的養護分野の進展と課題」『子どもの権利研究』15: 57-58

全国社会福祉協議会（2003）「第三者委員の役割と活動」（http://www.fukushi-saitama.or.jp/site/perf/document/yakuwaritokatsudou.pdf, 2014/08/15）

解説に代えて
社会的養護児童の権利擁護のための権利条約 12 条実現構想

津崎哲雄

はじめに

　沖縄（やフクシマ）の問題に現れているように、傷ついた人々を癒すのではなく、いっそう傷つけ「犠牲の山羊」として国家の大義・利益に捧げるのは、日本国が連綿と続けている常套策である。このことは、日本の「少数者中の最少数者」(Roger Goodman) である社会的養護児童対策でも例外ではない。家庭生活を奪われた子らに提供されるべき暮らしが、大規模施設での集団養護を基準としていることは、経営優先・非個別処遇・規則偏重・入所児間暴力・生活技能未達成・職員交代・同一性欠損・差別／烙印・「自立」強制・退所後放任などにつながる。このことは、入所児による意思決定参加（自己決定）や当事者サービス評価を困難にし、入所児人権擁護の観点からは権利侵害のリスクを著しく高めているといえよう。

　かくして施設児は一般児に保障されるライフチャンスで比較すると、より社会的排除を被る可能性が高くなることになろう。換言すれば、被虐待児がシステム虐待にさらされる再犠牲者化 (revictimisation) のリスクが現行社会的養護制度には巣食っているといえなくもなかろう。

　こうした日本の社会的養護（児童養護施設に限定）における入所児権利擁護システムの欠陥に気づいた栄留氏は、英国システムの解明を通じて、日本の現行システムの改善策を模索してきた。彼女が構想する改善ツー

ルは、英国における社会的養護児権利擁護のためのアドボカシー研究から抽出されている。そういう意味で、本書は厳密には英日国際比較研究ではなく、むしろ英国研究といえる。その研究から得た多くの知見を児童養護施設における入所児人権擁護システム改善のための処方箋（独立／専門アドボカシー機関の設置）として構想・提示している。さらに、本書は、国連子どもの権利条約12条の1項と2項の連関を社会的養護児権利擁護の観点から精緻化しようと試みる貴重な研究局面をも含んでいる。以上を踏まえ3点から本書（の価値）を解説し、所感を述べよう。

1　俯瞰的評価

　栄留氏による社会的養護児童権利擁護制度におけるアドボカシー機能の解明努力の集大成が本書である。アドボカシー機能は、ソーシャルワークを構成する諸機能のひとつであるが、社会的養護制度に関しては、先発国においても体系的研究は乏しい。英国でも同様で、筆者も30余年、戦後英国社会的養護史を研究してきたが、本書のような体系的アドボカシー研究書とはついぞ遭遇しなかった。栄留氏が本書のオリジナリティとしてそのことに触れているのも我田引水ではなかろう。

　それに対し、社会的養護児権利擁護における意見表明権行使を通じての当事者人権擁護運動は、1970年代以降顕著な活動・研究実績を生み出してきている。その到達点がマイク・スタインの *Care Less Lives* [2]である。

　筆者の英国研究は、今日までこの領域に焦点化してきており、その過程でアドボカシー制度・実践と交差することはあったが、その成果は、12条1項前半（意見表明権）をめぐる史実・議論に焦点化していた。そういう意味で本書は、筆者の英国社会的養護児人権擁護研究と対をなす12条2項（アドボカシー＝代弁）研究の集大成といえるであろう。否、そういうのはおこがましいのであり、不十分な筆者の英国研究ではなく、むしろ英国の第一人者、スタインによる社会的養護当事者意見表明／人権擁護運動研究に匹敵するものと位置づけてもよかろう。

本書は、英国家基準のアドボカシー定義（「子どものために声をあげること」「子どもをエンパワーすること」）に依拠し、4類型（Formal, Informal, Peer, Independent/Professional）のうち、独立／専門アドボカシー実践を主に研究対象としている。本書が対象とするアドボカシー研究の諸局面としては、社会的養護児権利擁護をめぐる「権利代弁機能」「社会的養護児の参加とアドボカシー」「アドボカシーの英国家基準」「ファミリーグループ・カンファレンスにおけるアドボカシー」「ウェールズの不服申立サービスにおけるアドボカシー」「アドボカシー専門職者＝アドボケイトの養成」「現行アドボカシー提供システムの諸問題」「英国アドボカシーサービスの意義と日本への示唆」が設定されている。最終章では「日本におけるアドボカシーサービスの可能性と実践モデル構想」を提示し、本書を結んでいる。

2　先発国モデル応用に伴う問題

ところで、筆者も栄留氏と同様、英国研究の成果を日本の社会的養護改革のツールと想定、論理化し、社会的養護改革（児童養護施設改善）志向を抱く関係者の先駆的実践（全国児童養護施設高校生交流会）に関わり、児童養護施設児意見表明・当事者サービス評価実践に期待を寄せてきたのであるが、みごとに挫折させられてしまった。栄留氏は研究成果に基づくアドボカシーサービス構想を関西の児童養護施設と協働し、アクションリサーチをする予定だと聞いている。筆者は、英国研究の成果を児童養護施設児権利擁護改善に応用しようとする栄留氏の大望・熱意に敬意を払うとともに、彼女が構想する児童養護施設アドボカシー実践の可能性に期待している。その理由に一言触れておこう。

英国では独立／専門アドボカシーサービスは、家庭養護児ではなく施設養護児が利用していると栄留氏は指摘し、ゆえに施設養護9割の日本でのアドボカシーサービス導入の可能性を児童養護施設に見出している。この前段については本書ではそれ以上探究されていないが、社会的養護資源の在り方と（少なくとも独立／専門）アドボカシーサービスに対する

ニードとの関連に関しては、今後の研究アジェンダに含んでいただきたい。しかしながら、このことは決して児童養護施設児へのアドボカシーサービス導入の成否の可能性を低めるものではなかろう。

　日本の義務教育における児童の主体性開発訓練や児童相談所ソーシャルワークの低迷、行政父権主義や法体系親権主義を考えると、当事者による意見表明・サービス評価に依拠するアプローチの挫折はむしろ当然であったかもしれない。対照的に、児童養護施設児アドボカシーサービスは、社会的養護児権利擁護に関し熟練した専門家の営む一種の専門ソーシャルワークといえよう。むろん非専門家市民の協力による発展の可能性を探りつつ、フォーマル・インフォーマルなアドボカシーでもなく、当事者同士によるものでもなく、施設外に設けられる独立／専門アドボカシー機関に雇用されるアドボケイトが提供するサービスを想定している。英国での典型は社会的養護児の声を代弁するボイス（Voice, 後のCoram Voice）のような民間機関とそれに雇用されたアドボケイトの働きであろう。

　自治体や施設・児童相談所・研究者の理解と支援に基づく独立／専門アドボカシーサービス機関の発足は、少なくとも全国児童養護施設高校生交流会よりは、恒常的権利擁護活動としての存続可能性は高いであろう。各地の弁護士会が社会的に排除された若者の緊急避難シェルターを設置し、一時宿所や代弁・支援サービスを提供し始めていることを考えれば、施設入所児のための外部権利擁護機構たるアドボカシー機関がその機能を発揮する可能性は大いに予見できよう。少なくともこうした発想に基づく権利擁護活動への明白な敵対姿勢は何人たりといえどもとりえないはずだからである。

　とはいえ、こうした独立／専門アドボカシーサービスが施設内権利侵害への介入を通じて実効性を発揮した時点で、施設養護業界・行政関係者が豹変する可能性もあろう。全国児童養護施設高校生交流会も、厚労省や施設関係者から当事者の意見表明活動として「（恥の文化に基づく）アリバイ的実践（tokenistic venture）」としてはしばし受容され支援されたが、当事者による施設内虐待告発の動機づけとなると認識するや否や、

全国児童養護施設協議会と厚労省により即座に解体されてしまった。このスキャンダルの真相をアドボカシーサービス実験関係者も弁え、慎重にことを運ぶべきであろう。すなわち社会的養護における当事者人権擁護実践は、形式的・名目上のショーケース的なものなら許容されるが、潜在力を発揮し、権利擁護に実質成果を生じはじめると、けむたがられ、敵対され、やがて解体される運命をたどらざるをえない。冒頭で触れたように、これが日本の人権擁護情況の基底をなしていることを、ゆめゆめ忘れてはならない。

3 意見表明権と聴かれる権利の統合的理解・実践としての社会的養護児議会 (CICC)

栄留氏が12条を「聴かれる権利」と想定し、アドボカシー機能を社会的養護児への代弁機能として本書の記述を進めていることに異論はないが、彼女も提起している1項の意見表明権と2項の聴かれる権利を統合する新たな権利概念の必要性 (32頁) も確かに存在している。両権利を統合する概念規定を筆者も未だ思いつかないが、1項後半の「……児童の意見は〔中略〕相応に考慮されるものとする」にヒントがあろう。12条の真諦は1項後半部にあると筆者は考えるが、意見表明権も聴かれる権利も、「児童の声——意見・感情・気持ち・好み・希望・願望・優先性などを反映する——が考慮される権利」のために不可欠なツールではないのだろうか。

こう考えると、当事者主権に基づく意見表明運動の進展と社会的養護アドボカシー実践の浸透普及が21世紀にはいり交差するなかで、導入された社会的養護児議会[4] (Children In Care Council, CICC) は、12条の究極的実現機構とはいえないだろうか。法制化には成功しなかったが、政府主導でほぼ全地方自治体に設けられ、社会的養護児・ケアリーバー・地方議員・行政上級職・首長）が参加し、地方議会に模した形で協議を行う。児童が意見を述べ、大人が聴き取り、自治体施策的意味合いが論じられ、社会的養護児のライフチャンス保障をめぐって当事者と自治体

運営側の大人（政治家と官僚）とが対等に協議する。

　筆者はこれまで1項の社会的養護当事者意見表明運動の到達点が、社会的養護児議会であると考えてきたが、栄留氏の英国アドボカシー研究の成果（本書）を再読三読しているうちに、2項のアドボカシー＝代弁機能に基づく聴かれる権利をめぐる施策実践の連綿とした存在が背景にあったことに眼を開かれたのであった。

　かくして筆者は、戦後英国社会的養護史における人権擁護のベクトルも、ウェーヴァー流に複眼的視点に立ち、史実究明を目指さなければならないことに改めて気づかされた次第である。それに加えて、本書は筆者の、ひいてはスタインによる社会的養護当事者意見表明／人権擁護運動史に欠けている諸局面への理解・認識を補うものとしての価値も十分備えているといえよう。

むすび

　筆者にとって、定年退職し研究者としての役割の終焉を迎え、「養護児童の声」研究・実践と対をなす、栄留氏による社会的養護におけるアドボカシー研究・実践に巡り合えたことは、日本の社会的養護という絶望の淵にひとつの光明を見出したような気がする。

　大人中心／親権主義の日本であればこそ、児童の主体性や積極性に依拠する「養護児童の声」研究・実践よりも、児童権利擁護を第一義とする専門家によるアドボカシー研究・実践の進展においてこそ、この分野の現代化の展望が開ける可能性はより高いのではなかろうか。本書が多くの児童ソーシャルワーク・社会的養護関係者にどの程度読まれるかが、ある意味でこの国の社会的養護21世紀化へのリトマス試験紙になるのかもしれない。

　そういう意味からも、本書に提示された英国アドボカシー研究の成果を実験的に試みる関西でのアクションリサーチが実りあるものとなるよう大いに期待し、拙い筆を擱こう。

（つざき・てつお／京都府立大学名誉教授）

注

1) Roger Goodman（2001）*Children of the Japanese State: The Changing Role of Child Protection Institutions in Contemporary Japan*, OUP（=2006, ロジャー・グッドマン、津崎哲雄訳『日本の児童養護――児童養護学への招待』明石書店）
2) Mike Stein（2011）*Care Less Lives: the story of the rights movement of young people in care*, Catch22（=2014, マイク・スタイン、津崎哲雄訳『英国の社会的養護当事者の人権擁護運動史――意見表明による劣等処遇克服の歩み』明石書店）
3) 同上訳書の訳者解説「社会的養護でくらす子ども・若者にとって夢がもてる国・もてない国」（361-400頁）で詳細に論じ、問題提起している。
4) 津崎哲雄監修・著訳、R. ペイジと J. A. クラーク原著編（1977, 2010）『養護児童の声――社会的養護とエンパワメント』（福村出版）第一章でCICCについて詳細に論じている。

著者紹介

栄留里美（えいどめ・さとみ）

日本女子大学大学院人間社会学研究科社会福祉学専攻博士後期課程単位取得退学、鹿児島国際大学大学院福祉社会学研究科博士後期課程修了、博士（社会福祉学）。独立行政法人日本学術振興会特別研究員（DC2）を経て、現在、鹿児島国際大学福祉社会学部専任講師。

【主な研究業績】

『子どもソーシャルワークとアドボカシー実践』（明石書店、2009年）、『イギリスの子どもアドボカシー――その政策と実践』（明石書店、2011年）、『子どもアドボカシー実践講座――福祉・教育・司法の場で子どもの声を支援するために』（解放出版社、2013年）（いずれも共著）

社会的養護児童のアドボカシー
――意見表明権の保障を目指して

2015年11月30日　初版第1刷発行

著　者	栄留里美
発行者	石井昭男
発行所	株式会社明石書店

〒101-0021 東京都千代田区外神田6-9-5
電話　03-5818-1171
FAX　03-5818-1174
振替　00100-7-24505
http://www.akashi.co.jp

装丁	明石書店デザイン室
印刷	株式会社文化カラー印刷
製本	本間製本株式会社

定価はカバーに記してあります。　　　　　　　　　ISBN978-4-7503-4268-9

JCOPY 〈(社)出版者著作権管理機構　委託出版物〉
本書の無断複写は著作権法上での例外を除き禁じられています。複写される場合は、そのつど事前に、(社)出版者著作権管理機構（電話　03-3513-6969、FAX　03-3513-6979、e-mail: info@jcopy.or.jp）の許諾を得てください。

養育事典

芹沢俊介、菅原哲男、山口泰弘、野辺公一、箱崎幸恵 編
●6800円

里親家庭・ステップファミリー・施設で暮らす 子どもの回復・自立へのアプローチ
中途養育の支援の基本と子どもの理解
津崎哲郎
●2000円

子どものいない夫婦のための里親ガイド
家庭を必要とする子どもの親になる
吉田奈穂子
●1800円

子どもの養子縁組ガイドブック
特別養子縁組・普通養子縁組の法律と手続き
公益社団法人家庭養護促進協会大阪事務所編集　岩崎美枝子監修
●2200円

Q&A 里親養育を知るための基礎知識【第2版】
庄司順一 編著
●2000円

Q&A ステップファミリーの基礎知識
子連れ再婚家族と支援者のために
野沢慎司、茨木尚子、早野俊明、SAJ 編著
●2000円

施設で育った子どもたちの語り
『施設で育った子どもたちの語り』編集委員会編
●1600円

子どもの未来をあきらめない 施設で育った子どもの自立支援
高橋亜美、早川悟司、大森信也
●1600円

子ども・家族支援に役立つ面接の技とコツ
〈仕掛ける・さぐる・引き出す・支える・紡ぐ〉児童福祉臨床
宮井研治 編
●2200円

子ども・家族支援に役立つアセスメントの技とコツ
よりよい臨床のための4つの視点・8つの流儀
川畑隆編　大島剛、菅野道英、笹川宏樹、宮井研治、梁川惠、伏見真里子、衣斐哲臣 著
●2200円

医療・保健・福祉・心理専門職のためのアセスメント技術を高めるハンドブック【第2版】
ケースレポートの方法からケース検討会議の技術まで
近藤直司
●2000円

性の問題行動をもつ子どものためのワークブック
宮口幸治、川上ちひろ
●2000円

知的障害・発達障害のある子どもの面接ハンドブック
犯罪・虐待被害が疑われる子どもから話を聴く技術
アン・クリスティン・セーデルボリほか著　仲真紀子、山本恒雄監訳
●2000円

やさしくわかる社会的養護シリーズ【全7巻】
相澤 仁 責任編集
●各巻2400円

子どもソーシャルワークとアドボカシー実践
堀正嗣、栄留里美
●2500円

イギリスの子どもアドボカシー——その政策と実践
堀正嗣編著　栄留里美、河原畑優子、ジェーン・ダリンプル著
●3800円

〈価格は本体価格です〉